MW01273858

Les hommes,
l'amour, la fidélité

Maryse Vaillant

Les hommes,
l'amour,
la fidélité

Albin Michel

Aux hommes que j'ai aimés,
à ceux qui m'ont aimée,
à toi.

Avertissement

Si on interroge les femmes sur les qualités qu'elles attendent des hommes de leur vie et ce qu'elles leur reprochent, la fidélité et l'infidélité viennent souvent en tête, avec leurs corollaires inévitables, la confiance et le mensonge. Sans aller jusqu'à réfuter cette accusation, beaucoup d'hommes voudraient pouvoir s'expliquer. Ils trouvent qu'on ne leur accorde pas le droit à la nuance. Comme s'ils étaient jugés et condamnés a priori, sans pouvoir présenter leur défense.

Face à une telle accusation de partialité, j'ai eu envie de jouer l'avocat du diable. Certes, je ne me suis pas appuyée sur des statistiques pour prétendre, chiffres à l'appui, définir le comportement des hommes en matière de conjugalité, je ne prétends pas bâtir la liste de tous les critères permettant de définir la fidélité ou l'infidélité masculines dans le couple. Je me contente de présenter quelques figures assez fortes et de donner les clés permettant de mieux les comprendre.

Pour que l'analyse soit possible, il m'a fallu faire des choix. J'ai donc écarté d'emblée l'«incident de parcours» qui trouve son origine dans l'histoire singulière d'un amour et d'un couple, pour rechercher les points communs susceptibles de relier ensemble des hommes aux comportements amoureux et conjugaux apparemment différents.

Ainsi ai-je opté pour des hommes chez qui l'infidélité ou la fidélité sont si absolues qu'on les croirait foncières, presque comme des secondes natures. Autrement dit, l'analyse des mobiles intimes qui poussent certains hommes à l'infidélité ou à la fidélité extrêmes va nous permettre d'aller au plus près de la fidélité ou de l'infidélité les plus banales, la chronicité de certains comportements masculins en matière de conjugalité éclairant tout autant les grandes trahisons cachées que la répétition des petites lâchetés ordinaires.

Comme je suis psychologue et non moraliste, je me suis efforcée d'écouter avec la même patience les propos des tenants de la fidélité que ceux des amateurs d'infidélités, de les analyser avec la même rigueur et de les présenter avec la même bienveillante neutralité. Un effort que j'avoue ne pas avoir toujours réussi à maintenir avec la même constance.

Les questions qui fâchent, les réponses qui dérangent

Derrière les imparables ou subtils arguments rabâchés par les tenants de l'infidélité comme de la fidélité, j'ai découvert quelques indices qui aident à mieux comprendre ce qui reste souvent opaque à bien des femmes et que leurs compagnons n'ont pas toujours les moyens de leur expliquer. En m'efforçant de les exposer, je prends le risque d'être mal comprise. Non par ceux dont j'éclaire l'âme et qui devraient en profiter pour tenter de se faire comprendre, mais par celles qui n'entendent pas qu'on explicite trop l'origine de leurs tourments. Les blessures d'amour sont parfois si vives qu'elles interdisent toute tentative d'élucidation ou de compassion. Comme si le bourreau devait rester inhumain pour justifier la douleur qu'il inflige.

Parmi les sujets qui fâchent, je vais aborder pourquoi un homme peut tromper la femme qu'il aime, et aimer celle qu'il trompe, pourquoi certains maris adultères ne quitteront jamais leurs épouses et pourquoi ces dernières ne se doutent souvent de rien ; en quoi il est difficile à certains amants d'être monogames et sincères ; pourquoi ils peuvent craindre de s'engager et tendent à considérer les conquêtes féminines comme des gages de virilité. Je me suis efforcée de saisir et de transmettre les définitions masculines du mensonge, de la trahison, la tromperie ou l'adultère et ce qui s'en différencie malgré les apparences. J'ai découvert et voulu analyser comment se décodent les arts et les nécessités du mensonge lorsqu'il se veut protecteur, prudent, stratégique ou altruiste, qu'il soit proféré ou tu, par pensée, par action ou par omission. J'ai réalisé comment il peut être difficile de parler à une femme aimée, surtout à celle qui prétend vouloir savoir la vérité mais qui n'est pas prête à la supporter. J'en suis venue à décrire comment un homme peut souhaiter être fidèle à plusieurs femmes, les désirer toutes ou n'en vouloir qu'une, aveuglément. Je me suis surprise à expliquer que la fidélité peut être contrainte, pathologique, addictive, voire très ennuyeuse. Et, enfin, à affirmer qu'elle n'est pas un gage d'amour. Pas plus que l'infidélité d'ailleurs.

Je préviens donc les âmes sensibles, romantiques ou sentimentales que mes découvertes peuvent les choquer. En effet, il semblerait que la fidélité ou l'infidélité masculines n'aient pas grand-chose à voir avec les qualités et les défauts des femmes aimées ou des hommes aimants. Malgré l'importance que beaucoup lui accordent, il n'est pas exclu que la fidélité ne soit, en matière d'amour, pas de meilleur augure que l'infidélité.

Puisse ce nouvel éclairage de l'âme masculine apaiser ceux et celles qui ont à souffrir de sa complexité et de ses impasses. Et amuser les autres.

I

LE MONOGAME MENTEUR OU L'ART D'ACCOMMODER LE MARIAGE

Ben, les écarts bien contrôlés

Tant qu'elle ne sait rien

« Si tu veux que ton mariage tienne longtemps, trompe ta femme discrètement, arrange-toi pour qu'elle ne sache rien et ne tombe jamais amoureux d'une autre. »

Les paroles de Ben permettent d'ouvrir cette étude de l'infidélité masculine par quelques belles pages assez classiques. Ben fait partie de ces hommes mariés, solidement, qui pratiquent l'excursion sexuelle, assidûment, et dans la plus parfaite des bonnes consciences.

Âgé d'une quarantaine d'années, il est assez bel homme. Surtout pour qui aime les gars abrupts, un peu hirsutes, genre *bad boys*. Grand, baraqué, très mal rasé, cheveux mi-longs décoiffés, yeux perçants, mains soignées, il conserve et entretient un look assez ado. Ses petites amies, des étudiantes pour la plupart, sont charmantes, studieuses, joyeuses et très décolletées. Son épouse Amandine est la mère de ses trois enfants. Il maintient que ses infidélités ne peuvent pas nuire à son mariage et même qu'elles lui font du bien. Aussi refuse-t-il d'appeler ses aventures des « adultères ».

« Toujours les grands mots ! On n'est plus au XIXe siècle tout de même ! Je n'entretiens pas de maîtresse, je n'ai pas de liaison durable, pas de double vie. Laissons de côté le langage désuet et culpabilisant du discours puritain. Il faut être lucide, la vie sexuelle d'un homme s'est sérieusement rallongée avec l'espérance de vie, chacun de nous sait qu'il a maintenant droit à quelques bonnes années de libido supplémentaires. Qui peut penser réellement ne coucher qu'avec une seule femme pendant toute sa vie ? Ne connaître qu'un seul corps ? C'est une supercherie et une absolue hypocrisie. Pour tenir dans la durée, tout homme, même marié, a besoin de diversité. Mes liaisons n'ôtent rien, absolument rien à mon amour pour Amandine. En quoi serais-je un meilleur mari pour ma femme si je lui sacrifiais mes plaisirs ? »

Loin de représenter tous les maris infidèles, ni dans les arguments ni dans les comportements, Ben va nous fournir toutefois les bases nécessaires pour comprendre celui qui aime son épouse et ne peut s'empêcher de la tromper. Des hommes comme lui, nous en avons toutes et tous rencontré, quelques-unes d'entre nous les ont même désespérément aimés, voire épousés. Leurs aventures sont à la fois passagères et régulières, totalement cachées et sereines, ce qui est loin d'être le cas pour tous les maris volages. Convaincus que ce qu'on ignore ne nuit pas, les Ben ont l'âme en paix et l'agenda bien gardé, leur principal souci étant la discrétion, leur principal atout l'organisation.

Chez eux, l'infidélité n'est pas accidentelle, éphémère ou passagère, elle est inhérente à la structure même du mariage. Ainsi, en distinguant nettement l'amour profond et stable du désir épidermique et labile, Ben ne conçoit pas la vie d'un homme sans le mariage – qu'il estime nécessaire – et les aventures périphériques – qu'il juge inévitables. Le principal et le secondaire, comme les résidences, le nécessaire et le contingent, comme pour Sartre et Beauvoir.

Il a épousé Amandine à la sortie de la fac et vit avec elle un mariage qu'il dit heureux et solide. Il parle d'elle avec émotion, dit l'admirer et proclame toujours ne jamais vouloir la blesser ou lui déplaire. Selon lui, agrémenter son ordinaire de petites copines, c'est comme faire du golf ou du voilier. Une détente salutaire, un passe-temps innocent.

Parodiant sans le savoir Françoise Dolto qui se savait mariée à un homme moins fidèle qu'elle, Ben ne cesse de nous répéter : «Avec les petites, je baise, c'est avec ma femme seulement que je fais l'amour!»

Ce n'est pas parce qu'un homme trompe sa femme qu'il ne l'aime plus

Monogame convaincu, partisan du mariage, Ben proclame qu'un homme doit tout faire pour préserver son union ; les escapades extraconjugales n'ont d'autre but que d'en assurer la pérennité. Ainsi est-il exemplaire de ce qu'on peut appeler l'infidélité contrôlée. Il s'agit de ne pas troubler la paix conjugale. De ne jamais mettre en péril sa famille, de ne pas détruire l'essentiel pour ce qui n'est qu'accessoire. Accessoire mais indispensable.

«Ce que j'ai construit avec Amandine est solide. Notre amour compte pour moi autant que pour elle. Je crois sincèrement au mariage. C'est une bonne institution. Socialement et généalogiquement nécessaire. Je me suis marié pour que mes gosses aient une vie de famille équilibrée et stable et je respecte ce pacte social fondamental. Même si cela peut sembler paradoxal, je me considère comme un homme loyal. Je garde le contrôle, je ne fais pas n'importe quoi. Je ne quitterai jamais ma femme.»

Si l'on suit sa logique, à sa manière, il est effectivement fidèle à son mariage. Il fait partie de ces bataillons d'hommes mariés qui engagent de jolies histoires sentimentales ou sexuelles sans jamais se désengager de leur union de base. Le savent bien toutes celles qui se sont leurrées sur d'éventuels divorces ou même ont simplement attendu que leur amant «parle» à sa femme.

Certains hommes, qui considèrent les liaisons nécessaires, n'accordent à aucune d'elles le pouvoir de les
déstabiliser.

On comprend donc pourquoi certaines épouses ne
s'effarouchent pas d'avoir un mari coureur. Elles le
savent léger et galant avec maintes demoiselles tout en
étant bien convaincues qu'il ne s'éloignera jamais durablement du nid conjugal. Des maîtresses femmes, assuré-
ment, qui connaissent leur pouvoir et l'importance du
pacte marital sur certains de ces hommes qui ont besoin
du cadre, du statut et de la sécurité que le mariage leur
donne. Ces épouses-là peuvent d'ailleurs très bien repérer les périodes où leur mari s'égare. Elles ne s'en forma-
lisent pas trop, surveillant de loin l'évolution – qui leur
est toujours favorable – des liaisons cachées de leur cher
mari. Au besoin, elles savent intervenir pour mettre les
choses au point et permettre à celui qui serait tombé
amoureux de retrouver raison et de rentrer au bercail
avant qu'il ne soit trop tard. Elles savent le pouvoir
qu'elles détiennent sur celui qui a besoin de la stabilité de
sa famille, de la force de sa femme et de l'équilibre de ses
enfants.

Loin d'imaginer le rôle ou l'influence que pourrait avoir
Amandine sur sa manière de vivre ses aventures, Ben
reste bien persuadé qu'elle en ignore tout, et que c'est lui
et lui seul qui mène la danse. Sa conviction de contrôler la
situation tient d'ailleurs une part importante dans le plaisir qu'il prend dans ses aventures et sa jubilation à rentrer
sain et sauf à la maison. Une illusion de maîtrise que ren-
forcent la sérénité de son épouse et le peu de cas qu'elle
fait parfois de ses absences.

« Tout est question de bon sens et d'organisation, il
faut connaître ses priorités et ne pas se laisser aller à
faire n'importe quoi. Je ne suis pas irresponsable, je sais
ce que je fais. Et la paix de mon ménage repose sur mes
capacités à bien gérer ma vie extraconjugale. »

Le code d'honneur du mari infidèle mais loyal

Ben a depuis longtemps établi un code d'honneur que je me fais un plaisir de présenter :

– prendre toutes les précautions nécessaires pour cacher soigneusement ses aventures ;

– tenir ses petites histoires d'amour à bonne distance de la grande ;

– éloigner au maximum toute escapade sexuelle de sa vie de famille, des amis du couple et des relations et connaissances de sa femme ;

– savoir être discret ; se méfier du voisinage et des amis bien intentionnés ;

– surveiller ses fonds de poches, son courrier, ses e-mails, son portable ;

– inspecter ses cols de chemises, les cheveux éventuels sur son veston ;

– ne jamais se trouver en situation d'avoir à choisir entre les petites amies et l'épouse ;

– ne pas tomber amoureux ; savoir tenir son cœur à défaut de ses hormones : les aventures ne comptent pas, avec elles, on se détend, on ne s'éprend pas ;

– ne jamais s'embarquer dans une aventure avec une collègue, une amie de la famille, une voisine, une parente de sa femme ;

– ne jamais coucher ou même flirter avec la femme d'un ami, d'un collègue, d'un voisin ou d'un parent ;

– être toujours protégé : le préservatif est indispensable. Il est exclu de prendre le risque de contaminer une épouse et de mettre en danger sa santé ou sa vie ou de jamais engrosser personne – pas question d'avoir des enfants naturels ;

– ne jamais ramener personne chez soi : le territoire familial est sacré, pas question de s'ébattre dans la maison de la femme et des enfants ;

– entourer sa femme d'un vrai amour sincère et loyal, lui prodiguer de vraies attentions

– lui mentir avec intelligence, ne jamais sous-estimer ses capacités d'observation et de déduction ;

– ne jamais oublier l'anniversaire de mariage, ni les dates importantes pour tous les enfants ;

– fêter toujours Noël en famille ; toutes les fêtes et les rituels sociaux familiaux sont sacrés, l'absence du père ou du mari ferait souffrir toute la famille ;

– s'efforcer d'être un bon père, un bon mari, un bon amant pour que sa femme ne se plaigne de rien.

On peut les trouver cyniques, or ces sages recommandations signalent les objectifs conjugaux de l'infidèle qui se veut être un bon mari et un bon père. Sa ligne de conduite est claire, on ne peut lui reprocher la moindre ambiguïté. Il tient à conserver tout à la fois sa liberté sexuelle, sa bonne conscience, la confiance de son épouse, l'amour de ses enfants, autrement dit la paix de son foyer et l'estime de ses proches.

Ce type de vade-mecum, que Ben énonce et que beaucoup de ses semblables tentent de mettre en application, nous indique clairement ce qui importe à l'infidèle chevronné : toujours garder le pouvoir, rester le maître du jeu, ne jamais prendre le risque de perdre la tête et de mettre en péril un équilibre conjugal à quoi il semble tenir plus qu'à tout. On ne peut en effet douter de sa jubilation à parfaire son mariage pour le maintenir conforme à ses désirs, ni de sa satisfaction à toujours maîtriser ses indispensables aventures périphériques afin que jamais elles ne débordent ni ne le détournent de son objectif matrimonial et familial au long cours.

Le sexisme à la base de l'infidélité masculine

C'est à ce genre de protections qu'on reconnaît l'homme marié qui-ne-quittera-jamais-sa-femme et que cette certitude met à l'abri de toute culpabilité. Sa bonne conscience s'appuie d'ailleurs sur des arguments assez singuliers pour qu'on s'y attarde.

« Je ne plaisante pas avec le mariage, je suis un homme responsable. Je ne fais prendre aucun risque à mon union, que je ne mettrai jamais en péril. Je respecte bien trop mon épouse pour cela. Je suis fidèle à notre pacte marital. À ma façon. Je le traduis : le langage masculin diffère de la version féminine. Pour les femmes, la promesse est sentimentale ; pour les hommes, elle est symbolique. Les femmes étant portées sur la fidélité amoureuse et sexuelle, elles en attendent autant de nous. Ce qui est leur erreur de base. Beaucoup d'hommes en sont comme moi totalement incapables. Les grands sentiments, ce n'est pas notre domaine. Moi, par exemple, j'ai du mariage la vision saine et positive d'un homme responsable et raisonnable, pas d'un amoureux transi ! Amandine n'en est pas lésée le moins du monde. Jamais je ne manquerai à mes devoirs d'époux. Je serai toujours là pour elle ! Jamais je ne me déroberai à mes engagements. Jamais je ne porterai préjudice à son image ou son honneur. Je tiens ma part du contrat. Je tiens la part masculine du contrat matrimonial. Un domaine où, quoi qu'en disent les féministes, la part des hommes et celle des femmes ne sont pas analogues. Nul ne peut comparer la place anthropologique des femmes et celle des hommes dans le mariage, la procréation et l'éducation. Par nécessité culturelle, les femmes s'attachent aux espaces intimes. Elles ont la charge du foyer, le logis, le quotidien, les enfants, la vie de famille. Même aujourd'hui qu'elles peuvent – ou doivent – travailler en dehors de la maison, elles ont gardé le goût du pouvoir et de l'esthétique domestiques et les préfèrent souvent aux risques et engagements politiques. Les hommes ne leur disputent pas ces domaines qui ne leur ont jamais été familiers. Ils se soumettent à leur autorité. Mais ils ont besoin d'un espace beaucoup plus large et libre pour se sentir eux-mêmes. »

Voici donc que se déplace le curseur qui nous permet d'interroger l'infidélité masculine, en nous entraînant sur le terrain des spécificités de genre : l'homme aurait gardé les traits du prédateur, du chasseur nomade, à la libido exigeante et sauvage, au territoire immense et dangereux ; la femme serait restée sédentaire, sentimentale, attachée aux petits pour les protéger et au foyer pour y régner. Une différenciation des genres qui revendique des bases naturalistes et se réfère à l'imaginaire des cavernes.

En fait, pour justifier le décalage entre la part féminine et la part masculine dans le mariage, Ben fait appel à la vieille dichotomie qui fonderait l'humanité. Il s'agit du dualisme binaire, rigide et stéréotypé qui répartirait les choses selon deux composantes : masculine et féminine, deux aspirations : liberté et sécurité, deux modes de vie : nomade et sédentaire, deux dominations : politique et domestique, deux images parentales : le père, la mère et, enfin, deux conceptions de l'attachement : infidèle et fidèle.

Les mères ne sont pas des femmes comme les autres

Un discours simple et carré, que ne dénoncerait pas le misogyne le plus banal, mais qui peut surprendre de la part d'un intellectuel. Car Ben est un universitaire : il est professeur de sociologie à la fac. Un bon prof et un type engagé.

Il enseigne la sociologie avec humanité et adore ses étudiants, qui le lui rendent bien. Sa vision du monde est large et sensible. Il suffit d'assister à un de ses cours pour découvrir l'intelligence sociale et le sens de la fraternité d'un homme qu'aucune injustice ne laisse indifférent. Déséquilibre Nord-Sud, ségrégation, racisme, ghettos, quotas, il scrute avec lucidité et dénonce, pétitions et manifestations à l'appui, toutes les inégalités. Mais ses révoltes contre l'injustice et son goût de l'équité s'arrêtent au seuil de son domicile. Selon lui, la maison, le mari, les enfants sont des territoires féminins. Là règnent les épouses et les mères qui jouissent du pouvoir qui leur importe : celui de dominer la sphère domestique et affective. Un pouvoir absolu, sans partage, que les hommes ne peuvent qu'envier et qu'il leur est impossible de discuter. Le mariage répond alors aux aspirations autant féminines que masculines. À la femme la sphère affective où elle nourrit son besoin de sécurité et sa propension à protéger, soigner, éduquer, et son pouvoir de dominer. À l'homme les champs de manœuvres politiques, économiques et sexuelles où il exerce sa curiosité et son besoin d'entreprendre, son désir de liberté et de diversité, et son pouvoir de contrôler.

Or le discours de Ben n'est pas tout à fait celui d'un macho ordinaire. Ni son comportement d'ailleurs. Il suffit de le voir à l'université. Il admire profondément ses collègues féminines et n'a jamais laissé entendre qu'une femme ne vaudrait pas un homme sur le plan professionnel.

« Je ne prétends pas que toutes les femmes aspirent nécessairement à la maternité, la sécurité, la sédentarité et la vie domestique. Je dis que celles qui se lancent dans le mariage et les enfants n'ont pas la même représentation de la chose que nous, les hommes. Une femme ministre, présidente de la République, chirurgienne, prêtre ou pompier, pourquoi pas ? Si c'est son désir et qu'elle en a les compétences. Mais cette femme-là, si elle se marie et fait des enfants, aspirera à moins de liberté sexuelle et à beaucoup plus de sécurité qu'un homme du même âge, de la même culture et de la même catégorie socio-professionnelle. Même une femme totalement compétente sur le plan politique, culturel, intellectuel, si libre, autonome et conquérante soit-elle au travail, sera une mère qui revendiquera sécurité, sédentarité et protection pour élever ses enfants. »

Avancées des femmes, recul des mères

Difficile de rester neutre. Les propos de Ben me rappellent l'élan qui poussa les femmes de ma génération vers la révolte. En luttant pour nous dégager du corset qui entourait nos mères, nous avons conquis la liberté d'être femmes à notre guise. Mais nous n'avons pas conquis la liberté d'être mères autrement. Nous avons probablement réussi à convaincre les hommes que nous avions d'autres ambitions que la maternité, mais nous n'avons pas su nous libérer nous-mêmes du poids de cette maternité.

Résultat, les femmes ont avancé sur le chemin de l'autonomie, mais pas les mères. Il suffit pour s'en convaincre de voir comment l'ère de l'enfant roi a succédé à celle de la libération de la femme et la manière dont les plus féministes des militantes élevaient leur petit tyran de fils. Ainsi, aujourd'hui encore, pour beaucoup de femmes, même les plus émancipées au travail et dans la société, la maternité reste une prison. Une prison sucrée, dont elles ne peuvent même plus se plaindre. Car si nos mères pouvaient à juste titre regretter les contraintes de la maternité, nos filles, elles, revendiquent de pouvoir y trouver une nouvelle raison d'être. Elles veulent s'y épanouir. Un épanouissement spécifiquement féminin. Censé suffire à bien des femmes et à quoi les hommes n'ont pas besoin de contribuer.

Triste constat. Pis, on trouve toujours un scientifique, américain le plus souvent, pour produire une énième étude expérimentale prouvant que les femmes n'ont pas les mêmes aspirations que les hommes, leur nature, leur culture, leur cerveau, leurs hormones ou leur métabolisme, quand ce ne sont pas leurs gènes, les prédisposant à une autre destinée, plus domestique, plus maternelle. Inutile donc de chercher à convaincre du contraire ceux qui ne cessent de répéter que la femme ne peut se libérer de sa fonction maternelle et de son rôle de génitrice. Sa nature l'y conduit, sa volonté l'y maintient. Et tel est son (bon) plaisir.

Ce qui me hérisse le plus, c'est de voir que cette théorie n'accorde même pas aux femmes le droit au cumul des fonctions. Si elles deviennent épouses ou mères, elles doivent abandonner toute velléité de statut social parallèle. La maternité les prend toutes et la société les rend responsables du bon fonctionnement de leur famille. Une mère ne peut s'autoriser à s'investir durablement dans autre chose que ses enfants sous peine de leur causer de graves préjudices. Derrière tout problème infantile se dissimule une mère insuffisante : telle est la loi du genre, encore aujourd'hui. Et une mère insuffisante est toujours une mauvaise femme. Ce machisme basique impose aux dames des choix que jamais aucun homme n'a envisagés pour lui-même. Et que jamais la société ne lui a demandés. Comme si la femme disparaissait sous la mère et, a contrario, le père sous l'homme.

N'ayant pas pour objet de discuter ici de la répartition des rôles parentaux dans le couple, je m'en tiendrai aux arguments qui concernent l'infidélité masculine. En les dégageant du sexisme viscéral qui semble sous-jacent, on peut voir apparaître massivement la question du pouvoir et de sa répartition. Comme si un rééquilibrage des forces était nécessaire pour contrecarrer le poids de la mère sur la famille. Et qu'en enfermant dans leur foyer celles qui veulent profiter pleinement des plaisirs de la maternité, les hommes s'autorisaient à leur faire payer la jouissance qu'elles y trouvent.

Une jouissance qu'ils ont peut-être partagée lorsqu'ils étaient enfants et dont ils se sentent exclus en devenant adultes. Cette hypothèse – de l'homme enfant qui voit dans sa femme une mère – peut peut-être éclairer la lancinante question des limitations de pouvoirs que les hommes veulent imposer aux femmes, du déséquilibre qui s'ensuit et de la vision du mariage qui en découle, infidélités masculines et mensonges à l'appui.

Désir de pouvoir et pouvoir du désir

« Toutes des casse-couilles »

«Toutes des casse-couilles», disait un anesthésiste renommé. Il va, à sa manière, nous permettre d'avancer sur la question de certaines infidélités masculines récurrentes au regard du pouvoir et du contre-pouvoir dans le couple.

Doté d'une belle ambition, l'homme piétinait d'envie devant la carrière de ses collègues. Il régnait sur un monde de femmes soumises, infirmières et aides-soignantes, à qui la hiérarchie médicale apprend à obéir sans jamais critiquer ouvertement médecins et chirurgiens. Il les malmenait joyeusement sans plus d'égards pour elles que pour du bon matériel. Aucune d'elles n'avait donc, par définition, le moindre pouvoir sur les testicules du patron ni sur sa carrière. Aucune femme non plus ne régnant dans la hiérarchie hospitalière, les castratrices en question devaient bien se trouver ailleurs. Dans sa famille ? Son épouse ? Ses maîtresses ? Ses liaisons ? Sa mère ? Quelles étaient donc les femmes qui limitaient son pouvoir ? Difficile d'imaginer dans le pré carré des mandarins des femmes à l'aura suffisamment forte pour mettre sa puissance en danger. La menace de castration devait provenir d'ailleurs. Pour fantasmatique qu'elle soit, cette peur ne lui interdisait pas les à-côtés jugés par lui nécessaires, qu'il appelait les «petites baises de santé ». Les infirmières et autres membres de l'équipe hospitalière qui avaient une jolie silhouette savaient bien qu'il leur sauterait dessus sans beaucoup de ménagement. Et sans la moindre considération. Ces abus de pouvoir, dont il se vantait auprès de ses confrères, étaient soigneusement cachés à sa femme, tout comme à ses maîtresses, dont il changeait souvent. Son mariage étant pour lui un atout d'honorabilité, il ne cessait de s'en vanter, toujours auprès de ses confrères. Son fils avait la chance de lui plaire, car il était très coureur. Sa fille, par contre, devait lui dissimuler la moindre de ses fréquentations, par crainte qu'il ne se mette en furie. Il refusait de la voir grandir et aucun prétendant ne trouvait grâce à ses yeux.

Une telle misogynie d'un autre âge, qui dans tout autre contexte serait considérée comme du harcèlement sexuel, n'étonne personne dans certains milieux très centrés sur le pouvoir que donne un métier prestigieux, masculin et bien payé. Son outrance va nous permettre de reprendre quelques-unes des données essentielles à la base d'un grand nombre d'infidélités chroniques.

Quel que soit le charme qu'ils leur reconnaissent – et malheur à celles à qui aucun charme n'est reconnu –, certains hommes n'accordent aux femmes ni crédit ni influence. Autrement dit, aux yeux de ceux qui possèdent le pouvoir, les femmes n'ont que celui de la juvénile séduction qui peut leur mettre le corps en joie et celui de la hiérarchie qui le leur met en berne. Et le sait bien celle qui doit se décolleter pour qu'on lui trouve l'air intelligent et porter des talons pointus pour prétendre avoir de l'esprit.

À la maison, ces hommes puissants se soumettent volontiers, la dominance domestique à quoi ils sont depuis toujours soumis n'étant pas de celles qui les mettent en érection. Mais devoir s'y plier sans jamais pouvoir lui échapper marque un homme à vie. Celui à qui la vie a souri en favorisant ses ambitions professionnelles n'a pas toujours eu le temps de mûrir affectivement. Il peut faire partie de ceux qui ne peuvent bander si leur mère est dans les parages – elle ou une des figures de son maternel, incestueux et domestique pouvoir. C'est du moins une des hypothèses que Freud[1] avait proposées à notre sagacité dans ses travaux sur la domestication de la vie amoureuse, et qui s'avère toujours pertinente.

La première conséquence est que ces hommes-là s'efforcent de retrouver la bandaison perdue auprès de femmes perçues par eux comme sans danger, autrement dit sans pouvoir. La deuxième est qu'ainsi l'aura et la force des mères ne risquent pas d'être détrônées de sitôt, les hommes continuant de s'y soumettre avec délices tout en recherchant ailleurs les compensations indispensables. La troisième est que si Ben et ses frères en infidélité ne sont pas des espèces en voie de disparition, c'est bien grâce à l'aveuglement de leurs épouses (et mères) sans la complaisance de qui le système aurait du mal à perdurer.

La force du désir

En fait, ces constats rejoignent ceux qui m'ont fait écrire sur quelques femmes et leurs singulières manières d'aimer les hommes[2]. Je ne sais comment réagirait Amandine en apprenant les liaisons de Ben, mais j'ai vu des épouses tout faire pour ignorer les frasques de leur mari. Tant qu'il leur revenait, tant qu'il leur laissait la première place, et la dominance du foyer, elles ne voulaient rien voir ni rien savoir de leurs incartades. M'était alors apparu l'étrange pacte qui soude bien des couples : il lui ment pour préserver sa liberté, elle le croit pour sauve-

1. S. Freud, *La Vie sexuelle*.
2. M. Vaillant, *Comment aiment les femmes. Du désir et des hommes*, Le Seuil, 2006.

garder sa sécurité. Il ne dit rien, elle ne pose pas de questions : on voit qu'ils sont faits pour s'entendre.

À cette évocation, la réaction de Ben est sans équivoque : « Il est certain qu'Amandine devinerait si une femme comptait pour moi, mais c'est impossible. Je ne lui ferai jamais ça. Je n'aime qu'elle. Elle est l'amour de ma vie. Je ne lui cache rien d'essentiel. Pas besoin d'évoquer des aventures sexuelles sans importance. Elle a tout mon amour, les autres n'ont que mon corps ! »

Sans se soucier du débat que peut déclencher la dichotomie en question, Ben continue, sûr d'un argument qu'il pense imparable : « Je l'aime, elle m'aime, pourquoi la faire souffrir en lui racontant mes poussées de testostérone ? Tout homme est hormonalement dépendant. C'est pourquoi il est difficile de s'engager à la chasteté en dehors du mariage. Aucun homme ne peut domestiquer sa libido au point de la réserver toute à une seule compagne, quand bien même celle-ci serait sexuellement toujours disponible. On ne peut écarter la question du désir et de son surgissement, cela n'a rien à voir avec l'engagement du mariage ! »

Voilà, le grand mot lâché : le désir. Quand on veut éviter la question du pouvoir, surgit l'argument décisif, le fameux désir masculin, si fragile et si urgent, si indomptable, impératif et évanescent. Ce désir qui pousse l'homme sensible à frémir lorsqu'une femme lui plaît et à ne pas savoir résister à l'attirance qu'il éprouve pour elle. Le désir masculin présenté ici avec la vivacité d'une érection intempestive, la force d'un rut animal, d'une poussée sans pensée, sans volonté.

Pour parler du désir qui peut faire irruption dans son quotidien d'épouse fidèle, une femme parlera de trouble, d'attirance émue, de l'émotion vague ou sauvage qui peut la transporter, de la langueur qui peut la saisir. Même si elle évoque la brûlure qui lui saisit le bas-ventre ou la morsure qui creuse son estomac, elle saura reconnaître en elle les lignes fluctuantes d'un partage difficile entre des sensations inconnues, la montée d'une gêne, d'une rougeur, l'insistance d'un visage, l'omniprésence d'un prénom ou d'une silhouette. Les femmes qui parlent de désir savent lui rendre la justice d'être complexe, autant chargé de sensations intimes que d'images, de contacts que de fantasmes. Ben fait partie de ces hommes qui parlent uniquement de « bandaison ».

Bander pour une autre, est-ce tromper sa femme ?

« Nous ne sommes pas de bois ! Même l'homme le plus vertueux ne peut jurer n'avoir jamais fait un rêve érotique, polluant ou pas, adolescent ou pas. Nul ne peut faire croire qu'il n'a jamais eu envie de séduire une fille ou de la mettre dans son lit, jamais suivi des yeux une jolie paire de jambes ou une croupe dansante, ne s'est jamais senti troublé par un beau regard pensif. Le mariage ne domestique pas toute la libido. Le désir nous rappelle notre condition humaine, donc animale. Et moi, même si j'aime profondément ma femme, avec qui j'ai des relations satisfaisantes, je ne vois pas pourquoi je me refuserais d'honorer les petites qui le demandent. »

Appliquées aux hommes, les métaphores vétérinaires les représentent en rut. Lorsqu'elles ne font pas des femmes des mères, elles les désignent comme disponibles sexuellement. La question de la libido est donc toujours une prérogative phallique que les hommes se sont appropriée et pour laquelle ils ont besoin de partenaires, ici heureusement consentantes.

Même la personne la plus loyale envers son couple peut voir ses pensées s'envoler et ses rêves nocturnes lui échapper. Le trouble que peut provoquer un désir intempestif n'est pas inconnu des maris fidèles et des femmes, fidèles ou pas, qu'elles aient ou pas l'imagination gourmande d'émotions cachées. On peut convenir avec Ben de l'innocuité de certains rêves érotiques avec un partenaire connu ou inconnu. La pensée, la rêverie et le rêve appartiennent au monde secret de chacun. Ce qui fera la différence est ce que chacun fera de ses pensées et de ses rêves. Et ce à quoi il s'est engagé. Car la question de sa fidélité ou de son infidélité n'a de sens que par rapport à cet engagement. Or, pour les infidèles chroniques comme Ben, l'engagement dans le mariage et la promesse de fidélité n'induisent pas qu'il leur faille renoncer à satisfaire leurs pulsions et leurs rêves. Leur seul engagement est de ne pas contracter d'autres unions. Leur seule promesse consiste à ne jamais partir.

Le pacte du pacs

Ben est le prototype de l'homme marié. Celui qui ne quittera jamais sa femme. Celui dont s'éprennent les fillettes qui veulent désirer sans risquer d'avoir à s'engager. Car les femmes aussi jouent du désir, pour apprendre à aimer, pour apprivoiser les délices et les soupirs de l'attente, pour revivre les élans œdipiens de leur enfance, sans s'embarquer trop vite dans l'aventure du couple. Ce modèle d'époux infidèle, coureur impénitent et néanmoins solidement marié, est-il en train de tomber en désuétude, maintenant que de nombreux jeunes amoureux se pacsent ? Les jeunes filles ne trouveront-elles plus d'hommes inaccessibles avec qui coucher l'après-midi ? Ou alors seront-elles amenées bientôt à s'éprendre de l'homme solidement pacsé, celui qui ne se dépacsera jamais ? Lui trouveront-elles les mêmes charmes ?

Ce n'est pas certain. Car si le pacs, statistiquement, prend une réelle importance chez ceux qui pourraient se marier, il ne construit pas la même figure imaginaire, n'invite pas aux mêmes fantasmes. Son inscription symbolique est différente. Le mariage est l'union matrimoniale qui, outre ses dimensions juridiques et civiles fortes, se déclare devant la société et se fête devant la famille.

Même le mariage civil le plus discret a besoin d'au moins deux témoins. Il s'agit d'un engagement officiel, légal, juridique et social, qui ne se défait encore qu'au tribunal. C'est dire la force légale du contrat et son impact psychique sur ceux qui veulent s'en défaire. Ainsi peut-on voir dans la figure de l'homme marié l'archétype citoyen du « bon père de famille », la haute figure œdipienne du chef de famille, du père et du papa des jeunes amours. Une stature fantasmatique que n'égalera jamais l'homme pacsé.

Car l'aura du pacs n'a pas la force patriarcale du mariage. Remarquons tout d'abord que la procédure admet une confidentialité que le mariage même le plus discret ne permet pas. On n'est pas contraint de publier des bans pour l'annoncer, ni de passer devant un magistrat pour l'annuler. Il arrive souvent que les jeunes couples ne préviennent pas leurs parents, se contentant de les en avertir ultérieurement. La cérémonie peut prendre certes l'ampleur d'une grande fête mais, dans ce cas, les nouveaux pacsés inviteront plus facilement les copains, voire les voisins, plutôt que les vieux cousins, oncles ou neveux qu'ils détestent et que les fêtes familiales leur imposent.

Ces aspects bon enfant, ludiques, intimes, sans cérémonie, font-ils du pacs un pacte plus souple au regard des engagements amoureux ? Peut-on considérer que le pacs a gardé sa tonalité matérielle, d'organisation des modalités de vie commune, économiques et financières ? Autrement dit, l'infidélité des pacsés serait-elle plus vénielle que celle des mariés ? Il semblerait que non. En se pacsant, avec ou sans contrat écrit très détaillé, les couples donnent à leur accord la force et l'intensité de la relation qui les unit. C'est comme un mariage – sans la mairie, sans l'église, avec ou sans la famille, la noce, l'alliance –, un engagement pris à deux, au nom d'une relation particulière. La différence principale est qu'il est censé durer le temps que la relation durera. Il prend le contenu du lien qu'il concrétise. Et lorsque l'union qu'il scelle est une union amoureuse, la fidélité peut être requise, promise, attendue. Car la fidélité appartient à l'amour et au couple plus qu'au mariage.

Un contrat léonin

Un couple amoureux, même marié tout à fait légalement, peut décider d'un commun accord de s'octroyer des espaces de liberté, chacun vivant de son côté des aventures sexuelles ou sentimentales que l'autre ne réprouve pas, encourage, voire accompagne. Liberté partagée, égalité, équité. Même s'il n'est pas sans risque, ce genre de contrat libertin peut convenir à qui n'entend pas s'enfermer dans la monotonie monogame de la fidélité contrainte. Sans évoquer les couples échangistes et les autres pactes conjugaux plus ou moins ludiques, où une pseudo-liberté dissimule mal la manipulation perverse, on connaît de ces couples qui considèrent leur mariage comme un commerce équitable, où chacun peut naviguer assez librement pour peu qu'il n'entrave pas la liberté de l'autre et ne lui fasse jamais faux bond. La fidélité de chacun est alors une valeur relative, l'accord portant sur la relativité en question.

En revanche, découvrir l'infidélité de l'autre peut faire vaciller bien des ententes. Il n'est d'ailleurs pas nécessaire d'être fidèle soi-même pour souffrir de la trahison de l'autre. Pis encore lorsqu'il s'agit des infidélités programmées chères aux hommes comme Ben. La blessure sentimentale, toujours insupportable, s'accompagne ici du profond sentiment d'avoir été bernée, depuis longtemps, délibérément. Car l'infidèle par habitude est un tricheur. Ses infidélités et le cloisonnement qui les permet mettent au jour le malentendu à la base même du mariage. Il ne s'agit pas du petit coup de canif dans le contrat, douloureuse blessure, crise profonde, qui ébranle le couple mais lui donne aussi parfois l'occasion de faire le point. Il s'agit d'une position quasi philosophique, prônant la légitimité univoque de l'infidélité masculine.

Le mensonge de cet infidèle-là est un mensonge fondamental, presque fondateur. Il s'origine dès le mariage, ou même avant, dans la conception que l'époux s'en fait. De ce qu'il donne. De ce qu'il retient. Il se réserve d'emblée un espace de liberté et de choix qu'il n'accorde pas à sa compagne. C'est comme si le contrat de mariage comportait, en tout petits caractères, au bas de la page, une clause restrictive des libertés féminines et n'accordait qu'au mari le droit à avoir une vie privée.

Une telle restriction semble inacceptable dans l'imaginaire de l'union romantique – sociale ou sacrée – présentée par le mariage. Elle est toutefois absolument compatible avec les règles ordinaires de l'échange. À part lors d'un pacte avec le diable, personne ne donne ni ne dit tout, la part de l'ombre, la retenue silencieuse, étant la part humaine de toutes les transactions. Même la règle analytique, qui consiste à tout dire, signifie que tout peut être dit et non pas que tout doit l'être.

Or le mariage, le pacs et tous les accords amoureux qui impliquent la formation d'un couple et la fidélité ne sont pas de simples contrats marchands. Le pacte conjugal repose sur un équilibre, une quasi-symétrie. La parole de l'un nouée à celle de l'autre requiert d'avoir la même valeur. Si l'un des deux interprète à son avantage le contrat de réciprocité, et ce de façon unilatérale et secrète, il déforme le sens de sa parole, fait varier son poids, il la déprécie.

Il est évident que l'aventure conjugale amoureuse nécessite alors une sérieuse révision pour pouvoir aborder le long cours des années. Certes, bien des couples réussissent le rééquilibrage nécessaire aux désaccords sur le sens du pacte initial, mais bien d'autres s'y perdent.

Ce que disent les femmes

« Il m'a prise pour une conne »

La confidentialité m'interdit d'interroger Amandine sur ce qu'elle pense des infidélités de Ben. Je ne puis toutefois me passer du témoignage des épouses dont les maris sont incurablement infidèles. Leurs propos nous éclairent sur ce que les trahisons amoureuses mettent en cause dans le couple.

L'impétueuse Mona aimait Bill avec passion. Leur mariage était brûlant et comblait encore tous ses vœux lorsqu'elle apprit, grâce à la gentillesse d'une amie, qu'il avait une aventure avec une collègue.

« Je l'ai suivi et l'ai pris sur le fait. Il entrait dans un petit hôtel avec une fille ! Une pauvre cruche qui n'est pas près d'oublier la scène que je leur ai faite, là, sur le trottoir ! Bill regardait ses pieds d'un air pathétique. Il m'a suivie sans un mot. À la maison, j'ai hurlé, pleuré, menacé de partir. Il m'a juré sa bonne foi – il s'était laissé prendre dans les filets d'une allumeuse – et promis de ne plus recommencer. J'ai cassé quelque vaisselle et fait la grève du lit, puis il a réussi à me reconquérir, bijoux, restaurants, bouquets de fleurs, c'était comme au début. Il m'a courtisée, séduite et notre amour a flambé de plus belle. Quand j'ai découvert qu'il voyait une nouvelle nunuche en douce, je suis tombée de haut. Le chien ! Je les imaginais au lit et mon ventre se creusait comme si on m'enlevait la matrice ! Une horreur. Bien sûr, je lui ai fait une scène terrible. Qui a duré plusieurs jours. Il se traînait à mes pieds, jurait n'aimer que moi. Il promettait tout ce que je voulais, du moment que j'acceptais de lui donner une chance. J'étais la femme de sa vie, la seule femme, plus essentielle que l'air qu'il respirait. Il me prenait dans ses bras, je fondais et tentais de le repousser. Impossible de supporter l'idée qu'il en touche une autre. Ses coucheries étaient une insulte à notre couple et à mon intelligence, comment pouvait-il imaginer me cacher ses liaisons ? Je ne suis pas débile, tout de même. Je sentais sur sa peau la douche qu'il avait prise avant de rentrer, je voyais son regard fuyant, son emploi du temps surchargé. Il ne m'a jamais été difficile de le démasquer. Le divorce a été prononcé, mais il me manque. Je crois qu'il a épousé une de ces nunuches et je suis certaine qu'il la trompe avec une autre gourde. C'est le genre de mec qui nous prend pour des connes ! »

Mona est de ces femmes qui vibrent avec passion et ne détestent pas quelques scènes tragiques, pourvu qu'elles soient suivies de chaudes réconciliations. De quoi leurrer les hommes imprudents comme Bill en leur faisant croire que la tolérance couve sous l'ardeur. Confiants dans leurs talents d'aimants et d'amants, ils sont convaincus d'avoir les moyens de toujours ranimer l'amour de celle qui les a dans la peau. C'est l'illusion commune à bien des maris coureurs, qui surestiment leurs ressources d'amants autant que leur pouvoir de maris. En fait, ces naïfs mesurent mal l'intensité de l'amour-propre des grandes passionnées, même de celles qui prennent la jalousie pour de l'amour. Car beaucoup d'entre elles supportent mal qu'on mette en question leur primauté, elles prennent les mensonges pour des affronts et les infidélités pour des injures. En effet, si la passion se nourrit de risque et que certaines mises en danger du couple peuvent avoir des effets stimulants sur la libido des partenaires, il est rare que des femmes ardentes acceptent que leur chaud mari ou amant régulier s'installe dans la tromperie. Autant il peut être excitant d'avoir à pardonner des incartades épisodiques, pour peu qu'elles soient rares, autant leur pérennisation perd tout pouvoir érotisant. Jalousie sexuelle, passion de l'excès, brûlure du danger, goût du vertige, tout ce que le marivaudage et les défis peuvent apporter au couple ne tient pas devant l'accablant désastre que causent le mensonge chronique et sa découverte réitérée.

Mona nous invite à cette lecture de l'amour-propre blessé. Elle se dit vexée de voir son fougueux mari se frotter à d'autres corps. Elle dit vouloir régner seule sur son amour. Pour confirmer son tempérament passionné, elle se déclare possessive, exclusive et jalouse. Autrement dit, elle met l'accent sur la relation de pouvoir, comme si une sorte de rapport de force s'était établi entre elle et Bill. Il n'est pas impossible que ces proclamations pleines de panache soient destinées à dissimuler des blessures d'un autre genre. Car les ébats les plus passionnés peuvent mettre à nu autant le cœur que le corps. Nous pouvons peut-être souligner que Mona est de celles qui ont l'amour physique mystique, de celles que l'extase rend folles. Se voir trompée après s'être déchaînée au lit avec son mari ou son amant régulier peut être vécu comme un vol, un viol, par celle qui regrette peut-être que ses ardeurs n'attachent pas son amoureux comme le ferait un philtre d'amour. Comme si, lors de ses ravissements, elle lui avait confié le secret de son âme et qu'il l'avait répété ou, pis, oublié.

« *Je croyais en lui, j'avais confiance* »

Quand Marie-Dominique découvrit que Bob la trompait, fut atteint le fragile rempart de confiance qui la protégeait de son enfance.

« J'avais cru en lui. Il m'a trahie. Cela a bien failli me détruire. Je ne suis pourtant pas une gamine et Bob n'était pas ma première aventure ni même ma première union. Il le savait. Il savait combien j'avais souffert et combien j'étais vulnérable. En nous mariant, nous nous étions promis de ne rien nous cacher. Il savait que je ne pourrais supporter le moindre mensonge. Avec mon premier mari, j'avais trop souffert, je ne voulais pas recommencer. Quand il m'a appris qu'il avait eu une petite aventure avec une fille du bureau et que c'était fini, j'aurais dû être contente, puisqu'il m'en parlait, mais j'ai pété les plombs. Je n'avais rien vu, rien deviné. J'avais vécu des semaines avec un homme qui me mentait! C'était la sensation atroce d'une trahison. Un gouffre. Une déchirure en moi. Comme quand j'étais petite, que papa ne venait pas me chercher le week-end et que maman disait qu'il était avec sa "grue" et qu'il n'avait pas de temps pour moi, qu'il me mentait en promettant de venir me voir, comme il lui avait menti pendant des années... Bob, l'homme solide et stable, se révélait comme les autres, comme mon premier mari, comme mon père, un menteur, un traître, un faux jeton. Je suis partie sans même chercher d'explications. Par la suite, j'ai compris que j'avais peut-être involontairement poussé Bob à mettre en péril notre relation en la focalisant sur la confiance, en le harcelant pour savoir toujours où il allait et avec qui. Et finalement en ne supportant pas qu'il m'avoue ce que je ne voulais pas qu'il me cache... Mes blessures de gosse ne pouvaient rester à leur place dans mes souvenirs, elles venaient hanter notre histoire d'amour. On dirait bien que les filles qui, comme moi, craignent surtout d'être trompées finissent toujours par l'être. »

Si toutes les femmes n'ont pas été traumatisées dans l'enfance par les promesses non tenues de leur père et n'ont pas recherché ensuite des hommes lui ressemblant pour revivre inconsciemment leurs douleurs infantiles, tenter de les dépasser et s'y heurter violemment, il est indéniable que la tromperie et le mensonge portent atteinte aux fondements infantiles de la capacité de confiance et d'attachement.

Au tout début de l'existence, le tout-petit voue pleine confiance et attachement total à ceux qui s'occupent de lui, sa vulnérabilité le rendant dépendant des soins et de la tendresse qu'on lui donne. Il ne découvre qu'ensuite les impasses et les limites de la protection parentale. Il a alors suffisamment intériorisé les figures tutélaires pour survivre aux déceptions qui ne manquent jamais de survenir. Car il est de règle que les parents ne tiennent pas toutes leurs promesses. Leur protection étant vouée à se dissoudre dans la capacité de l'enfant à apprendre à s'en passer. C'est ainsi qu'on devient adulte, averti de l'ambivalence de tous comme de la sienne propre. C'est dire que la confiance en l'autre n'est jamais exempte de crédulité infantile. C'est d'ailleurs cette part d'amour captif qui rend vulnérable. Et les grands blessés de l'enfance sont souvent les plus sensibles aux variations dans l'honnêteté de l'autre. Le moindre mensonge, s'il porte sur la parole donnée, sera vécu comme une tromperie essentielle, une trahison. Un manque d'amour.

Dans un couple, il n'est pas rare qu'une aventure sexuelle, bien que proclamée sans importance, puisse, une fois découverte, contaminer l'ensemble du pacte conjugal. Le mensonge sur la fidélité disqualifie alors tous les autres domaines de la vie partagée. Si cette découverte peut, rétrospectivement, jeter une ombre sur tout ce qui avait été heureux, c'est qu'elle dépossède celle qui se constate trompée de l'aura de confiance qui l'avait protégée, dont elle s'était crue protégée.

La femme trompée peut alors avoir le sentiment d'avoir vécu seule l'histoire d'amour prévue à deux, comme si en lui mentant l'homme à qui elle s'est engagée la disqualifiait, elle, en même temps qu'il déshonorait sa parole. Beaucoup de femmes disent se sentir salies, abîmées par la tromperie de leur compagnon, comme s'il leur avait porté atteinte physiquement. La confiance fait corps avec celle qui y met son âme. La trahir, c'est l'amputer. Tel est le prix des séquelles de certaines blessures de l'enfance : ce qui n'est pas cautérisé saigne toujours.

« Je lui ai tant pardonné »

Maud raconte : « La première fois, j'ai découvert du rouge à lèvres sur un mouchoir dans une de ses poches. Bernard m'a sorti avec assurance une bonne dizaine d'explications embrouillées, bien assez pour me convaincre de l'avoir à l'œil. Ça n'a pas été bien difficile, c'est un homme d'ordre et d'habitudes, il est totalement prévisible. J'ai vite découvert qu'il avait une aventure avec une stagiaire de sa boîte. J'ai mis les choses au point : c'était elle ou moi. Il n'a pas hésité, la fille n'était qu'une passade sans importance. Il a tout de suite cessé de la voir et a imploré mon pardon. J'ai vite craqué, il était si malheureux ! Et notre vie a rapidement repris son cours. Je vous passe la deuxième fois, identique à la première, sauf qu'il s'agissait d'une fille rencontrée à la salle de sport. Et que j'ai mis un peu plus de temps avant de lui pardonner. La troisième fois, je suis partie chez ma mère avec les gosses et il est venu pleurer tous les jours qu'il ne pouvait vivre sans sa famille. Ce dont je ne doutais pas un instant. Les autres fois, je devinais avant lui qu'il avait une fille en vue. Chaque fois j'ai pardonné. Chaque fois j'ai refusé de faire l'amour et je l'ai privé de ses gosses. Je sais que notre mariage est essentiel pour lui et qu'il voudrait s'améliorer. Il jure qu'il est en train de changer. Le problème, c'est que moi aussi je change. Et que j'ai pris mes dispositions : la prochaine fois, c'est le divorce. Je ne l'aime plus. »

Des femmes comme Maud, j'en ai rencontré quelques-unes. À des variantes près, elles m'ont indiqué à partir de quels ingrédients de base tiennent ces couples soudés malgré l'incapacité de certains hommes à la fidélité. Une femme forte et intelligente, un mari immature, des enfants, un attachement réciproque aux valeurs qu'incarne le mariage : dans ce contexte, familial plus que passionnel, j'ai trouvé des femmes patientes et confiantes, des femmes qui ne considèrent pas leur couple comme l'unique miroir où se mirer et jauger leur réussite personnelle. Elles travaillent, créent, donnent et équilibrent leur existence entre vie personnelle, vie familiale et vie sociale. Elles n'attendent pas de leur mari la réalisation de leurs rêves de fillettes. En grandissant, elles ont fait le deuil du prince charmant et des merveilleuses qualités qu'elles prêtaient à leur papa. Ce ne sont pas toujours des femmes passionnées, des mystiques de l'amour. Mais ce sont des femmes solides, qui pensent autant qu'elles ressentent. Autrement dit, ce sont de ces femmes qui font grandir les hommes. Des femmes patientes qui misent sur l'avenir, qui considèrent leur couple comme une valeur sûre, un investissement à long terme, et qui ne s'effarouchent pas des faiblesses de leur homme, tant que celui-ci respecte l'essentiel – le fond plus que la forme – d'un partenariat conjugal et parental.

« C'est lui que j'aime »

Magdalena sourit avec tendresse en pensant à son mariage qui dure depuis une bonne quarantaine d'années. Elle s'est mariée à dix-huit ans avec son cousin, l'amour de son enfance, l'homme de sa vie. Un mariage bâti sur une vieille connivence, des intérêts communs et la charge partagée de la ferme. Du travail par-dessus la tête, des soucis financiers, pas beaucoup de temps pour la gaudriole, mais le projet de réussir ensemble leur exploitation et leur mariage. Vingt-cinq ans plus tard, les enfants élevés, à la suite d'un différend sérieux avec un voisin, elle apprend par des commérages que son mari a eu deux liaisons dans sa jeunesse, avec une proche voisine et avec une commerçante du bourg voisin.

« Je suis tombée des nues. Je n'aurais jamais pensé que mon mari ait pu me tromper. Il n'en avait ni le désir ni le temps... Il a toujours été un bon mari, pas très porté sur la chose, qui comme moi se levait tôt, se couchait tard et ne m'embêtait jamais. Comment aurais-je pu penser qu'il était allé voir ailleurs ? Je ne lui ai rien dit. J'ai essayé d'oublier. Nous avions tant de soucis… Et je suis tombée malade. Un cancer du sein. Pendant tout le temps du traitement, mon mari m'a soutenue sans faillir. Il a fait les trajets de la ferme à l'hôpital quand on m'a opérée, m'a soutenue pendant la chimio, alors que je croyais mourir tant j'avais la nausée, m'a accompagnée aux rayons qui me laissaient sur les genoux. Il a embauché quelqu'un pour l'aider et m'a encouragée et soutenue sans jamais faiblir. Aujourd'hui, je vais bien. Il a pris sa retraite. Je ne sais même pas s'il sait que je sais – ce n'est pas un homme qui parle –, mais cela m'est devenu égal. On s'entend bien. En fait, on est heureux. Heureusement que je n'ai pas écouté les mauvaises langues qui me disaient du mal de mon bonhomme et que je ne lui ai pas cherché des poux pour ces vieilles histoires. Je ne regrette pas d'avoir passé l'éponge. En fait, même si j'ai été trompée, je n'ai jamais été cocue. Cela n'a jamais eu assez d'importance pour me faire mal. D'ailleurs, cette souffrance-là, je ne pouvais me l'offrir. La vie est trop dure pour souffrir pour rien. »

Muriel tiendra des propos assez proches. « Jeff est l'homme de ma vie. Nous avons vécu quinze ans ensemble avant de nous marier. Ce jour-là nous avons fait une grande fête avec tous les copains. C'était magnifique. Une amie m'a dit alors quelque chose de troublant, du genre : "T'es bien courageuse de l'épouser quand même…" Dans l'excitation du moment, j'ai laissé passer, ou plutôt j'ai pris soin d'écarter de mon esprit ce que je ne voulais pas comprendre. Lorsque, l'été dernier, après dix belles années de mariage, j'ai surpris Jeff avec une jeune fille, j'ai tout de suite saisi. Nous avons eu une violente dispute. Je lui ai demandé de partir. Pendant six mois, j'ai pleuré. Mes amies me disaient que j'avais été naïve, que tout le monde savait que Jeff était coureur, qu'il n'avait jamais cessé de me tromper, que c'était une habitude chez lui. Je ne pouvais croire avoir été aussi aveugle. Il y a deux mois, Jeff est revenu. Je n'ai pas eu la force de le repousser car je l'aime toujours. C'est l'homme de ma vie. Tant pis pour ses tromperies passées. Je sais qu'il m'aime. L'avenir ? On verra… »

Comme tous les dénis, la volonté de ne pas savoir ce qui dérange tient du besoin d'être protégé des effets de la réalité. Certaines œillères sont nécessaires à celles qui aiment des hommes ne partageant pas tout à fait leur conception de l'amour et de son prolongement dans la fidélité. Celles-là font tout pour vivre un mariage fidèle avec un homme qui ne l'est pas. Elles sont obstinées, courageuses, tenaces et ne laissent pas le doute ou la curiosité ronger la confiance dont elles ont besoin pour vivre avec l'homme de leur vie. Qu'il soit fidèle ou pas n'est pas l'ingrédient le plus important. Ce qui compte pour elles, c'est qu'il soit là et qu'avec lui, elles construisent la vie qui leur convient. Certes, elles ont de l'amour une vision lucide, voire volontariste, qui ne peut s'autoriser à être infantile ou mystique. Elles sont donc amenées à ne pas considérer le mensonge sexuel comme un acte de haute trahison. Ce ne sont pas des crédules qui attendent que leur amour tienne les promesses de pérennité et de confiance faites jadis par leurs parents et prolonge leur infantile illusion de n'être jamais ni quittées ni trahies. Par pragmatisme, elles réajustent leur vision idéale de l'amour parfait à la personnalité de celui qu'elles aiment. Certaines, même parmi les plus éprises, pensent que la valeur d'un homme ne tient pas à sa capacité à gérer sa libido et que la solidité d'un couple ne se résume pas aux sacrifices qu'il exige de chacun des partenaires. Ces femmes aiment malgré les erreurs ou les faiblesses de celui qu'elles aiment. Elles tiennent leur part du contrat même si l'autre le dénonce et nous prouvent que l'amour n'est pas toujours soluble dans l'infidélité.

Celui qui ne veut pas renoncer :
le monogame infidèle

Enterrer sa vie de garçon

Les hommes comme Ben, infidèles notoires et monogames convaincus, nous invitent à une réflexion sur le
mariage, le pacs, ou toute autre forme d'union engagée
dans la durée.

Le mariage est le prototype d'une promesse de fidélité.
Il contient en lui-même tous les espoirs et toutes les
déconvenues possibles au regard de l'exclusivité amoureuse et sexuelle qu'il promet. Ce pacte légal, civil et
social de solidarité entre époux officialise la fondation
d'une famille et prend, dès la cérémonie, pour beaucoup
de jeunes filles une allure romanesque certaine. Même au
temps des rencontres sur Internet et du *speed dating*, les
demoiselles sont nombreuses à rêver de la robe majes-
tueuse qui fera d'elles la reine d'un jour. Chacune s'efforce
d'être la plus belle pour « le plus beau jour de sa vie ». La
formule consacrée les avertit pourtant : si le jour du
mariage est le plus beau, c'est un bien mauvais pronostic
pour la suite. Autrement dit l'adage les prévient qu'aucun
mariage ne tient les promesses de la cérémonie qui le
noue. À quoi rêvent donc les jeunes filles en admirant les
belles robes et en tannant leurs parents pour que la fête
soit parfaite ? Mon idée est qu'elles espèrent, inconsciemment peut-être, retrouver l'espace d'une journée, mais
sous les yeux de tous, la réalisation de leurs rêves de
fillettes. D'ailleurs, nombre de pères s'endettent pour
accomplir le dernier souhait d'enfant de leur princesse...
et la conduire à l'autel ou devant le maire est pour eux un
moment profondément troublant.

Si le mariage – du moins le jour de la noce – est pour

elle la réalisation d'un fantasme œdipien inconscient, cela expliquerait peut-être pourquoi la jeune mariée attend de son époux la même constance que celle dont vient de faire preuve son père. Elle attend de lui amour et fidélité, l'amour étant la cause, la fidélité la conséquence.

Une équation que ne partagent pas tous les futurs mariés, même les plus épris. Reconnaissons que l'imagerie populaire est moins romantique chez les garçons. « Se mettre la corde au cou », « se ranger », « enterrer sa vie de garçon »… les formules sont parlantes : le mariage vient signer la mort des multiples libertés du jeune homme, l'entrée dans la vie contrainte. C'est le seuil qui démarque la fin des années d'insouciance et le début d'une autre vie au statut incontestable. C'est donc une étape initiatique, le début d'une nouvelle ère. Enterrer sa vie de garçon, c'est prendre acte de la fin d'une époque, de la mort du jeune homme, de l'adolescent immature, sous protection parentale, sous immunité juvénile. Meurt le garçon et naît l'homme en même temps que le mari. L'enterrement de la vie de garçon est donc l'étape de maturation nécessaire pour quitter l'enfance et voguer vers le pouvoir marital, la reconnaissance sociale et la respectabilité familiale.

Un jour, mon prince viendra

Ben fait partie de ceux qui n'enterrent rien. Qui refusent de voir mourir leurs anciens privilèges pour pouvoir jouir des nouveaux. Ils ajoutent au contrat de mariage un codicille qui leur préserve une vie de garçons pendant leur vie d'hommes mariés.

On peut se demander pourquoi les femmes n'en font pas autant. Pourquoi un grand nombre d'entre elles signent sans lire ledit contrat. L'imagerie populaire va encore une fois nous éclairer. À quoi rêvent les jeunes gens ? Les filles rêvent d'amour. Elles espèrent le grand Amour. Un bon nombre d'entre elles considèrent encore que le passage de la fille à la femme passe par l'amour d'un homme. Beaucoup souhaitent vivre en couple, s'engager, fonder une famille et continuent de voir passer les années avec inquiétude lorsque l'homme de leur vie ne semble pas s'annoncer. Certes, elles ne paniquent pas, comme ma grand-mère, à l'idée de coiffer sainte Catherine, mais elles observent avec l'inquiétude l'horloge biologique de leur séduction en craignant de passer à côté de la grande aventure censée donner du sens à la vie d'une femme, l'amour. L'Amour.

Qu'en est-il pour les garçons ? Ils rêvent des filles tout comme les filles rêvent des garçons, nous le savons. Mais ils rêvent de sexe. Même les plus romantiques. Nous ne les entendons pas déplorer l'absence de celle qui leur permettra de s'épanouir, qui les révélera à eux-mêmes. Ils ne font pas du vide de leur lit le vide de leur existence. Ils n'attendent pas la femme qui fera la différence. La princesse charmante ne leur manque pas. Certes, ils sont nombreux à espérer rencontrer la femme de leur vie, celle avec qui ils auront des enfants, avec qui ils fonderont une famille, autrement dit celle qui mettra fin à leurs errances de jeunes hommes. Or, même si quelques sentimentaux reconnaissent espérer le grand Amour, ils considèrent qu'en attendant, les petites amours font très bien l'affaire.

La différence est majeure et d'autant plus troublante qu'on sait que c'est souvent la rencontre d'une femme qui bouleverse l'univers psychique d'un jeune homme, l'arrache à ses copains ou à sa famille, le relie à son histoire et à ses parents – autrement dit : c'est souvent une femme qui fait d'un garçon un homme.

Ce constat éclaire nos recherches sur la manière dont les hommes et les femmes s'engagent en monogamie. Les uns et les autres n'attendent pas la même chose de l'amour et du couple où, indépendamment des sentiments qu'ils éprouvent l'un pour l'autre, les jeunes mariés n'entrent pas par la même porte.

De la difficulté d'être monogame

Indispensable pour la stabilité familiale et le statut matrimonial qu'il leur procure, le mariage semble trop étroit à certaines vigoureuses libidos qui s'accordent le droit, unilatéral et secret, de l'agrémenter de petites expériences sexuelles narcissiquement gratifiantes. Certes, les hommes comme Ben ne représentent pas tous les types de maris infidèles, mais ils forment le bataillon assez conséquent de ceux qui trompent leur femme régulièrement, sans jamais vouloir s'en séparer et sans penser qu'elle pourrait vouloir les quitter. Pour se justifier, ils n'invoquent pas la force de sentiments amoureux qui les déchireraient mais bien la vigueur du désir qui les assaille. Ainsi considèrent-ils souvent leurs aventures comme une sorte de contre-pouvoir masculin : la compensation d'une liberté sexuelle reconquise sur les contraintes du couple et de la famille. À la femme la jouissance des enfants et le pouvoir sur la vie de famille, à l'homme le désir, le sexe et le droit aux petits adultères. Chacun trouvant ainsi les compléments de satisfaction qui permettent de supporter le mariage monogame.

Car, il faut bien le reconnaître, la monogamie hétérosexuelle qui fonde le mariage n'est pas plus naturelle à l'humain que les autres institutions qu'il a mises en place pour survivre, dompter sa fougueuse nature, domestiquer les éléments, générer et protéger sa descendance. Et comme toutes ces institutions, elle contraint l'humain à renoncer à une part importante de satisfaction pulsionnelle, les bénéfices symboliques qu'elle promet étant censés l'emporter sur les frustrations qu'elle impose.

Or le renoncement pulsionnel est toujours difficile. Celui qu'exige la monogamie l'est autant pour les hommes que pour les femmes. Si certaines jeunes mariées semblent facilement s'en accommoder, c'est qu'elles prolongent dans le mariage leurs rêves œdipiens. Celui qu'elles épousent incarne leurs rêves passés autant que leur avenir. Il leur donnera les enfants dont leur père les a fait rêver. Ces enfants seront ensuite comme une sorte de contrepartie affective – et harassante – qui leur fera oublier la restriction pulsionnelle que le mariage leur a imposée.

Du côté des hommes, que leur mère ne mène ni à l'autel ni à la mairie, le renoncement œdipien ne porte pas sur la fidélité aux rêves d'enfance – nul garçon ne perd sa mère en se mariant –, mais sur le détournement de satisfactions phalliques plus ou moins rêvées. Se marier, c'est quitter la vie de jeune homme – activité sexuelle admise, voire encouragée – pour devenir un chef de famille – satisfactions conjugales quasi garanties mais monogames. C'est abandonner une forme de liberté pour acquérir un pouvoir certain. Certains hommes choisissent de ne rien abandonner. Ils agrémentent leur pouvoir marital d'une bonne part de liberté sexuelle. Monogames ils sont, infidèles également. Leurs infidélités leur permettant de rester monogames sans renoncer à rien.

Un impossible renoncement

Il semble bien que cet arrangement matrimonial, unilatéral et masculin, vieux comme le mariage lui-même, fonctionne sur une véritable incapacité psychique. Celle de renoncer. Soit renoncer au mariage pour sauvegarder sa liberté sexuelle, soit renoncer aux aventures pour honorer son engagement conjugal. Le mari monogame et infidèle semble faire partie de ces hommes qui ne sont prêts à rien lâcher, rien céder, rien partager.

Que craignent-ils donc de perdre? L'exemple de Ben nous invite à explorer quelques pistes. Notons qu'il accorde à ses collègues femmes la reconnaissance de libertés et de pouvoirs dont il bénéficie lui-même et qu'il octroie aux autres hommes. Non seulement il les respecte, mais il les admire sans réticence. Il semble avoir compris ce qui reste encore hors de portée des misogynes et des machos ordinaires : la richesse apportée par l'accession des femmes au pouvoir et au savoir. Ces femmes-là sont pour lui des hommes comme les autres. Les comprendre ne rend pas nécessaire le recours à une théorie neurologique. C'est que leur valeur ne menace pas la sienne. Leur pouvoir non plus. On le voit sûr de ce qu'il possède, son savoir, son charisme, son intelligence, ses talents de professeur. Il a fait ses preuves, il est reconnu. Pourquoi cette sécurité ne l'accompagne-t-elle pas dans tous les domaines de sa vie ? Pourquoi ne recouvre-t-elle pas son rapport au mariage ? Pourquoi sa puissance masculine lui semblerait-elle plus menacée par les libertés de son épouse que par celles de ses collègues féminines ?

On pourrait supposer un traumatisme infantile, sonder son histoire de petit garçon, chercher la faille, la menace pour ses attributs érectiles, si un trop grand nombre d'autres monogames infidèles ne nous faisaient douter de l'étiologie individuelle du machisme marital. Peut-être nous faut-il alors considérer cette question comme un des éléments fondateurs de l'identité masculine et rechercher du côté des invariants de la société et de la famille plutôt que dans les turbulences d'une histoire singulière.

L'hypothèse phallique

La fréquence de certaines infidélités récurrentes nous invite à scruter les fondements symboliques du déséquilibre entre les sexes. L'organisation des sociétés a fait de l'incertitude de la filiation paternelle une donnée juridique, légale, structurante car symbolique. La nomination du père et la reconnaissance de sa descendance permettent de contrer l'évidence d'une maternité qui rendrait les femmes incontestables et leurs lignées souveraines. Pour donner des fils aux hommes, il fut nécessaire d'inventer le patriarcat.

Mais désigner le père ne suffisait pas, il fallait le qualifier. L'homme a donc construit la figure paternelle sur son évidence à lui, masculine, génitale : des organes sexuels apparents, un pénis érectile. La débandaison ne pouvant être une figure de proue, d'érectile le pénis est devenu érigé, et maintenu comme tel : phallique. Le petit garçon se convainc très tôt qu'il détient la clé de la domination du monde. Celui qui bande domine celui qui ne bande pas.

Or, si son père tient sa place et que sa mère est une femme équilibrée, il apprend bien vite qu'il ne doit pas bander devant elle. Ni pour elle ni pour sa sœur. Les femmes de la maison ne sont pas pour lui. La valeur symbolique de sa puissance régnera sur le monde à condition qu'il respecte l'espace domestique et le laisse au gouvernement des femmes. Autrement dit, s'il veut garder l'illusion phallique de sa toute-puissance, et devenir un mari comblé par la monogamie, le petit garçon comprend qu'il lui faut s'accorder des à-côtés : continuer de bander en dehors de la famille, même après s'être marié. Les infidélités font alors partie intégrante de sa conception du mariage.

Cette hypothèse explique pourquoi certains hommes proclament respecter leur épouse et la mère de leurs enfants tout en ayant besoin d'aller ailleurs se prouver qu'ils sont toujours vigoureux. Elle explique également pourquoi ils ont souvent besoin de femmes jeunes, voire de jeunes filles. De naïves adoratrices n'ayant pas encore donné toute la mesure de leur puissance féminine. Des filles et non des femmes, et surtout pas des mères. Des jeunes filles qui portent encore sur les hommes le regard admiratif et confiant de leur propre rêve œdipien. Car les infidélités secondaires et continuelles de ces maris cavaleurs, que nous appelons les monogames infidèles, leur sont nécessaires pour soutenir en la complétant l'illusion phallique promise aux hommes par le mariage et perdue lors de l'enterrement de leur vie de garçon.

Autrement dit, l'hypothèse phallique explique qu'un homme puisse aimer sa femme et la tromper, et qu'il puisse même parfois continuer de l'aimer *parce* qu'il peut la tromper.

II

LE POLYGAME
ANXIEUX
OU LE DÉSIR D'AVOIR
TOUTES LES FEMMES

Max, les tyrannies de la disponibilité

Le dernier des hommes libres

« En amour, je suis une sorte de claustrophobe ! déclare Max. J'ai besoin d'espace, la porte doit toujours être ouverte ! J'étouffe si les issues ne sont pas dégagées, si je ne sens pas le léger mouvement d'un courant d'air. Inutile de dire que je ne saurais survivre à l'enfermement du mariage. »

Tout est dit. Max n'est pas un monogame. On ne compte ni les récits de ses conquêtes ni ses aventures sans lendemain, les innombrables galipettes improvisées dans des endroits improbables avec de supernanas follement sexy et des dames sages et néanmoins mariées. C'est un joyeux drille, célibataire, de ceux qu'on dit « endurcis », un papillon de soirée qui fait la cour à toutes les femmes et jure ne jamais convoler. Ce grand séducteur va permettre de poursuivre la découverte des fondements de l'infidélité masculine en illustrant l'incapacité de certains hommes, même amoureux, à se sédentariser.

Max n'a pas trente ans, mais qu'ils en aient cinquante ou quinze, nombreux sont les hommes qui proclament leur besoin d'aimer librement sans le carcan des promesses et des engagements. « Seules les amours multiples et de courte durée conviennent à qui tient à sa liberté.

Mais attention, faut pas croire que ce soit facile! Nous sommes une espèce en voie de disparition. Les femmes font tout pour nous capturer.»

Le superprédateur de gibier femelle se vivrait donc comme une proie? «Mais oui, nous les chasseurs célibataires, nous sommes pourchassés par des hordes de femelles avides de conjugalité. C'est pourquoi nous devrions être protégés. Dès qu'elles en ont les moyens, elles nous tiennent et ne veulent pas nous lâcher. On dirait que les filles ont un projet commun: réduire les célibataires en hommes mariés. Et pourtant, que serait la vie sans les hommes libres? Vous seriez toutes obligées de coucher avec le mari de vos copines!»

Le mariage, voilà l'ennemi. Même celui des autres. Max proclame éviter de s'embourber dans les pièges du couple. Une femme mariée, oui, mais à condition de ne pas connaître son mari. «Je ne veux pas me battre en duel! Ni être la cause d'un divorce! Jamais je n'engrosse, jamais je n'épouse!»

Ainsi l'homme prudent qui tient à ne pas se faire prendre doit-il veiller à ne pas creuser lui-même ses propres pièges. «Jamais trois petits déj de suite!» est un de ses slogans préférés. Considérant par exemple qu'il suffit de dire «je t'aime» à une fille pour qu'elle se voie la bague au doigt, notre bon Max a définitivement proscrit certaines formules à haut risque. «On ne dit jamais les mots qui attachent! Le minimum d'honnêteté consiste à jouer franc-jeu et à se méfier des non-dits. Moi, j'annonce la couleur. Personne n'est trompé sur la marchandise: je suis un homme à femmes, à femmes multiples. Je passe, mais ne reste point.»

Le goût de la conquête

Sur quoi repose donc une telle proclamation d'indépendance ? Sur le besoin d'être disponible pour une nouvelle conquête. Sur l'éventualité d'une future rencontre, sur la conviction qu'elle est toujours possible, sur l'impossibilité de prendre le risque de la manquer. Max est dans l'incapacité de vivre une relation qui exclurait toutes les autres. Qui écarterait les autres possibilités. La liberté qui lui est chère est celle qui lui promet de toujours pouvoir s'éprendre, sans avoir de comptes à rendre à personne. « La femme qui va venir sera peut-être pour moi. Il ne faut pas que je la manque. »

Serait-il comme le collectionneur qui cherche la perle rare qui complétera et valorisera ses précédentes possessions ? Ou comme le joueur persuadé que la prochaine main apportera la chance attendue ? Le prochain jeu sera gagnant, la prochaine carte sera fabuleuse. Alors, comme pour celui qui recherche les timbres précieux ou les pièces rares, la collection ne peut, ne pourra, jamais être complète. Par définition, pour un collectionneur, il manque toujours au moins un objet. Une collection complète est une collection morte, dont on expose le cadavre mais qui ne procure plus de vraie jouissance. Car le vrai collectionneur aime collectionner. Rechercher l'objet manquant. Encore un. Encore une. Encore une fois. S'arrêter, c'est mourir. C'est prendre le risque insensé d'éteindre le feu, de tuer l'élan qui donne le sentiment de vivre.

Ainsi, la poursuite du diamant bleu qu'est l'érotisation du désir amoureux exige des séquences relationnelles brèves. Puisque le but est de tenir éveillé le désir et de se laisser surprendre par son surgissement, il semble que Max ne puisse pas conjuguer son émergence avec des amours persistantes. « Je n'aime que les commencements, la montée du désir est comme une sève qui réjouit le corps et l'âme. Mais attention, je suis un printemps qui ne fait pas venir l'été et qui craint l'automne annonciateur de l'hiver ! Pour moi, le long cours suinte d'ennui. L'habitude met la queue en berne ! Je ne puis faire le pari de la monotonie. À moins de virer menteur à vie comme Ben, on se dessèche. Le couple, c'est le désir qu'on assassine ! »

Entre autres jolies choses, la métaphore saisonnière m'indique que Max ne veut pas plus vieillir que débander. Il craint l'épanouissement de la maturité et la détumescence qui s'ensuit. Il est des semailles, mais refuse les moissons. Par peur que la vigueur éteinte ne se réveille jamais. Autrement dit, derrière l'ardeur, voire l'urgence du discours d'Éros et sa flèche dressée, se profile l'inquiétude de l'amoureux qui n'est jamais tout à fait sûr de pouvoir tenir sa queue droite aussi longtemps qu'il le voudrait.

La liberté des rencontres et leur constant renouvellement ne seraient alors qu'un stimulant, autant érotique que relationnel. Une façon de lutter contre la mort interne, de maintenir le désir vif, de s'assurer de son éveil et de conjurer la peur de sa disparition. Max serait-il dans une quête infinie, une quête sans autre objet que celui de la poursuivre ? L'éternelle conquête féminine serait alors une version masculine de la quête existentielle qui nous taraude tous, la quête de sa propre vérité, pour exister, pour se sentir exister. Tenir le désir vif pour que la vie tienne, le tenir éveillé par peur qu'il défaille et que la mort gagne.

Le désir ou la mort !

L'hypothèse d'une version célibataire du combat d'Éros et Thanatos enchante Max. Le désir en question n'est pas qu'affaire de bandaison, il le sait bien, mais reconnaissons avec lui que rien ne l'incarne mieux que la parade amoureuse.

Certes Éros comme son frère Cupidon sont souvent représentés aujourd'hui sous la forme infantile et joufflue d'angelots mutins, comme si le désir sexuel tenait du sentiment plus que du sexe. Comme si Éros pouvait exister sans Thanatos. Comme si une figurine immature pouvait occulter la vraie nature de la pulsion. Sexuelle ou amoureuse, c'est une force de vie sauvage qui peut – comme nous le rappelle la Carmen de Bizet – refuser toute loi et conduire à la mort. Ceux qui sont confrontés à la passion le savent bien, la libido renferme en elle-même une charge potentielle de destruction massive. Pour beaucoup d'autres, c'est son absence, ses défaillances ou son évanouissement qui préfigurent la mort. Pour eux, dont Max fait partie, le désir ne va pas toujours de soi. Les stratégies nécessaires pour le maintenir vif signalent à elles seules combien il peut être incertain. Difficile à éveiller, à contrôler, à maintenir.

Les tyrannies du désir et la crainte de son évanescence ne sont pas l'apanage des femmes qu'on dit « frigides » ou « hystériques », la fragilité étant moins question de genre que de structure. Toutefois, contrairement aux femmes confrontées à la même énigme psychique, les hommes dissimulent souvent leurs angoisses sous le masque viril de la sensualité, allant jusqu'à affirmer la liberté sexuelle comme une spécificité de genre. Leur libido, réputée souveraine, ne saurait s'accepter capricieuse. Il est plus virilement correct d'avouer son addiction au sexe que sa peur de voir disparaître son désir. Et pourtant, Freud[1] et Jones l'avaient déjà suspecté, les hommes peuvent craindre plus la détumescence que la mort. Plus encore que la mort, la castration, et plus que la castration, la disparition de leur désir.

Est-ce ainsi qu'il faut entendre la formule consacrée de « célibataire endurci » que les hommes se sont

---

1. S. Freud, *La Vie sexuelle*.

appropriée ? Est-ce vraiment le célibataire qui se veut fermement dur ou simplement une partie de son anatomie ?

L'infidélité plurielle

Reconnaissons que l'infidélité plurielle, systématique, récurrente et assidue, est plus facilement revendiquée par les hommes, en particulier par ceux qui prônent le papillonnage érotico-relationnel, et qu'elle reste assez mal perçue chez les femmes, à qui l'on prête moins facilement le droit à de nombreuses aventures sans lendemain. Quelle qu'en soit l'étiologie, le vagabondage sexuel n'a jamais vraiment été bien accepté chez les dames. Exception faite de quelques grandes dames du temps jadis qui ne faisaient pas mystère de leurs amours multiples, souvent bisexuelles, réputées pudiquement être de grandes amoureuses – le sentiment mis à la place du sexe –, la société rechigne à accepter les amours plurielles chez les femmes. On leur prête bien vite une insatisfaction chronique, névrotique et frigide, alliée à des fringales sexuelles nymphomanes, quand ne surgit pas le spectre de la galanterie tarifée. Il faut du cran pour être une courtisane aujourd'hui si on ne veut pas en faire un métier. La figure du coureur célibataire sexuellement hyperactif reste donc bien une figure masculine.

Max, lui, ne fait aucune ségrégation sexuelle. Il n'a pas l'impudence dont Ben fait état. Il accorde aux femmes – à toutes les femmes, y compris aux siennes – les mêmes urgences amoureuses et les mêmes droits au libertinage qu'à lui-même. Toutefois, même s'il ne condamne pas a priori la femme libre aux amours multiples, il lui trouve un peu moins d'attrait qu'aux dames discrètes, soumises, voire un peu éteintes, à qui il tente d'apporter sa douce lumière. Les pétroleuses lui font un peu peur. Car se faire jeter après emploi ne peut ravir personne. Et Max, tout gentil amant qu'il se proclame, préfère largement la fuite à l'abandon. S'identifiant à l'organe de son désir, il se veut insaisissable, seule garantie pour lui d'être désirable.

Les années érotiques

Ce mode de pluralité amoureuse n'est souvent qu'une étape dans le parcours amoureux des jeunes gens. Désirer toutes les femmes, les vouloir toutes, espérer les avoir toutes, se croire capable de les satisfaire toutes, quel beau rêve ! Celui de la toute-puissance de son désir. N'en garder aucune pour n'être prisonnier de personne, c'est le fantasme de tout jeune pubère : prolonger l'omnipotence infantile à travers le mythe de l'absolue liberté. Une illusion bien légitime. Et une démarche initiatique raisonnable : goûter à tout avant de choisir, avant de se déterminer, de s'engager.

Ce fut également la fabuleuse expérience des folles années soixante-dix, quand la contraception et le changement social ont soudain permis au sexe de sortir des alcôves et du confessionnal et à la sexualité de n'être plus sulfureuse. Puisqu'elles ne craignaient plus l'épée de Damoclès qui avait fait fléchir leurs mères, les filles se sont mises à vouloir aimer comme des garçons. L'amour sans la procréation. Pour tous, pour toutes. Draguer, séduire, aimer, quitter. Et recommencer avec un autre, avec une autre. Vivre ce qui avait de tout temps été impossible et interdit aux femmes pour cause de morale et de menace de maternité, suivre l'impulsion, la pulsion. L'amour devenait un jeu à quoi chacun – même les filles – pouvait s'adonner sans risque. Une courte parenthèse avant que le sida ne fasse revenir le spectre du mal et des punitions qu'encourt le sexe libre.

Une belle période, ma foi, dont je garde de grands souvenirs. Nous étions quelques-uns de ma génération, filles comme garçons, à se vouloir sans entraves, à mettre toute notre énergie à rejeter les vieux carcans moralisateurs, la famille, les contraintes, les tabous. Du passé, nous faisions table rase. Et bien sûr, nous rejetions le mariage, la monogamie, la fidélité et tout ce qui pouvait limiter la jouissance nouvelle qui s'offrait à nous. Une telle explosion de passages à l'acte amoureux s'inscrivait dans le rejet du carcan familial roidi pendant des décennies de contraintes et d'hypocrisies morales. Le sexe trop longtemps méprisé ou diabolisé se banalisait et la rencontre amoureuse bifurquait rapidement vers l'aventure sexuelle. Chacun cherchait à réduire ou supprimer les temps de latence, les hésitations. Foncer. Se laisser guider par son désir. Et dans l'ardeur ne voir que le bonheur de l'instant.

Cette chaude utopie amoureuse faisait fi des passions, captations, possessivité et autres volonté d'emprise et rapports de force dont les amours débordent. Même les plus ardents libertaires d'entre nous ont connu la passion et la douleur des trahisons. Ce fut toutefois de très courte durée, car avec les années sida on a vu le retour du corset moral qui étrangle à nouveau la société, l'amour et les couples.

La drague homosexuelle

Quelques-unes de ces aventures amoureuses tenaient de la drague homosexuelle. Il n'était question que de l'alchimie des corps, de la brûlure d'une rencontre qui ne cherchait pas les lendemains. Priorité au désir. Liberté et égalité des partenaires. Faire l'amour donnait suffisamment d'amour, inutile de vouloir rien pérenniser. On cherchait l'âme sœur pour un soir, une nuit, pas pour toute la vie.

Il faut reconnaître que les amours hétérosexuelles, largement imprégnées de génitalité et de procréation, ne peuvent s'accommoder longtemps de cette légèreté, de cette urgence et de cette absolue conscience de l'éphémère amoureux. Même si elle n'est plus recouverte par l'ombre omniprésente de la procréation, la rencontre d'un homme et d'une femme pose rapidement la question du couple – sa définition, ses enjeux – avec, en toile de fond, l'inévitable question de la fidélité. Le sujet de la pérennité ne peut être longtemps écarté. Surtout dans la société actuelle qui semble avoir remis la famille, le couple et l'enfant au centre de sa morale. Avec un tour de vis supplémentaire comme il est d'usage dans toute contre-réforme.

Même les homosexuels, longtemps épargnés par les questions de génitalité, se trouvent aujourd'hui, à travers le pacs et l'homoparentalité, être devenus les fers de lance d'un nouveau questionnement du couple et de la famille, d'une volonté d'inscription symbolique de la relation, d'une officialisation du lien social qui unit des amoureux et de la prolongation de l'amour sexuel en engagement conjugal voire en relation parentale.

Autrement dit, homosexuel ou hétérosexuel, le couple est à la mode, la fidélité également, la famille semble même être redevenue la seule façon de pouvoir bien vivre ses amours et sa vie. C'est dire combien ceux qui, comme Max, veulent échapper à ce schéma ont besoin d'arguments, comme toujours lorsqu'il s'agit de nager à contre-courant des modes dominantes. Pour avoir goûté et apprécié la liberté sexuelle et l'importance donnée au désir, à l'instant, à l'expérience, en lieu et place de l'engagement, je comprends ceux qui voudraient échapper à l'emprise du couple et à l'idéalisation de la famille. Ce n'est donc pas parce qu'il se méfie du mariage et qu'il craint la monotonie de la monogamie que le discours de Max m'interroge. Ni parce qu'il maintient un mode amoureux et sexuel que j'ai abandonné, et avec moi une grande partie de ceux qui s'y adonnaient. C'est parce que, dans ses déclarations d'indépendance, je perçois quelques nuances singulières, très masculines, hétérosexuelles, nettement polygames, que j'aimerais analyser.

En avoir ou pas

Le macho, la voiture et la blonde

Max est brillant, charmeur. Il aime les belles voitures, les belles filles, les beaux costumes. Mondain, tricheur, élégant, drôle, il est l'ami de tous et se déclare l'amant de toutes. Autrement dit, il ressemble trait pour trait à un type assez courant de macho infantile qu'on imagine volontiers au volant d'une grosse voiture rouge, pourvue d'un klaxon et d'un autoradio puissants, sans oublier les sièges en cuir et la supernana. La voiture comme la fille étant des attributs indispensables au maintien de son statut de mâle dominant. Je l'imagine quelques années plus tôt, ado paradant en faisant hurler la mob dont il avait trafiqué le pot. Déjà, il devait reluquer les filles les plus en vue en rêvant d'arriver avec l'une d'elles au bahut le jour où tous ses potes seraient dans le coin. Aujourd'hui encore, même s'il se déclare prêt à courtiser et séduire toutes les femmes, celles qui l'intéressent le plus sont celles qui font rêver les copains. Grandes, minces, souvent blondes, poitrine généreuse, bouche gourmande, longues jambes, elles savent mettre en valeur les attributs qui font rêver les hommes.

J'ai le souvenir vif d'une émission de télé. Sur le plateau trois hommes joviaux, humoriste, comédien, journaliste, et trois superbes filles décolletées, chanteuse, présentatrice, actrice. Les hommes approchaient de la quarantaine avec bonhomie, un peu chauves, un peu bedonnants, des rides et des poches sous les yeux. Rigolards, à l'aise. Parfaitement à l'aise. Complices, ils se mettaient les uns les autres en valeur tout en soumettant les dames à un tir ininterrompu de plaisanteries galantes, louant leurs charmes et renvoyant aux enfers les « boudins », « thons » ou « cageots », qui n'auraient pas eu les mensurations adéquates. Les plaisanteries fusaient. Tout le monde riait. Les trois élues en premier. Aucune d'elles ne s'est permis de qualifier le physique de leurs admirateurs, aucune d'elles n'a trouvé ridicule que des hommes à l'allure plus que médiocre se comportent comme des adonis irrésistibles et se permettent de renvoyer les femmes ordinaires dans les limbes de la féminité.

Ceci n'est qu'une illustration de ce que la télé met en scène et qui finit par façonner les esprits. Le physique des femmes passe par le regard des hommes. Qui lui attribue ses critères.

Dans la vraie vie, reconnaissons que les filles recherchées par les dragueurs se ressemblent assez. Elles sont décrites comme « longues, jeunes et minces ». « Sexy ». « Canons ». Conformes aux photos des magazines et aux pubs des espaces urbains, aux mannequins des podiums, aux chanteuses et animatrices de la télé. L'uniformisation des choix amoureux masculins, tels qu'ils sont proclamés, est-elle due à une obsession de jeune chair (peur de vieillir), de corps androgyne (déni de l'homosexualité), de poitrine généreuse (fixation orale infantile) ? S'agit-il de la nostalgie des vieux calendriers avec pin-up aguichantes, des couvertures glamour des magazines pour hommes, de certaines pages centrales stimulantes pour une libido à peine pubère ?

Les copains d'abord

« Nous, les petits mecs, sommes poussés à la compétition. Il faut courir plus vite, pisser plus loin, se faire remarquer en étant le plus fort ou le plus bruyant. Faut faire mieux que le copain. Car la référence, c'est le copain. Ce qu'il a, ce qu'il fait. C'est comme un maître étalon. Non pas le prof ou les parents, qui ne comptent pas beaucoup, non, le copain, le plus costaud, la plus grande gueule, le plus casse-cou. Celui-là, il en a. Quoi ? Du courage, je pense. De la puissance. De l'importance. Ce quelque chose d'indécis qui fait la différence. Et c'est sûr que c'est pas le zizi. Ce qui compte, c'est de s'imposer, se faire respecter. Certains osent et les autres s'efforcent de faire comme eux, d'être comme eux : à la hauteur. Et il n'est pas question du père. Le mien ne me donnait pas envie de lui ressembler ni de le dépasser. L'oublier, c'était le seul programme possible. Non, ce qui compte pour un garçon, ce n'est ni le zizi ni le père, mais le copain. Pendant l'adolescence, tout empire, c'est l'enfer. Tu meurs si tu ne t'imposes pas. Alors, on gueule, on pétarade, on fait des plaisanteries obscènes et on siffle les filles. Pour ne pas pleurer, ne pas disparaître dans l'anonymat, ne pas se dissoudre. Là, je suis d'accord, la queue entre en jeu. Tout ce qui nous tient en éveil est dans notre pantalon. Là est l'événement, la seule chose qui compte. Si la queue va, tout va. »

Il semblerait donc que les garçons aient besoin d'une visibilité extérieure pour exprimer leur masculinité sous la forme la plus visible, la virilité. Peut-être serait-il pour eux plus facile de porter perruque poudrée, peintures de guerre, chapeau à plumes ou étui pénien. Dans la nature, le mâle se sert de ses bois, de sa crête ou de sa crinière pour séduire les femelles, les convaincre de lui assurer une descendance et surtout impressionner ou évincer ses adversaires. Les petits mecs humains civilisés, privés de signes distinctifs, sans casque, sans coque, sans arme et sans panache, peinent à montrer qu'ils sont forts et puissants, chacun plus puissant que l'autre. Comment le faire croire ? Comment faire pour dissuader son adversaire d'attaquer, comment avoir l'apparence qui fera la différence ?

Certains garçons semblent avoir trouvé une solution : les filles. Utiliser les filles. Draguer et arborer les filles dont les copains rêvent. C'est peut-être ce qui explique l'uniformisation des silhouettes féminines. Sous l'imposante contagion médiatique, la plastique féminine stéréo-typée représenterait alors le point commun qui unifie le désir des hommes. Qui l'incarne et le modélise. Chacun d'eux étant pris dans le désir des autres, la jolie femme – blonde, grande, mince, selon les critères actuels –, indé-pendamment des choix personnels singuliers des uns et des autres, serait alors un symbole fédérateur de virilité. Un étendard qui proclame l'inconsciente devise qui unit les hommes à travers leurs conquêtes, qui leur permet d'exister et se marquer les uns par rapport aux autres. Un trophée. La qualité de la prise donnant à chacun sa place dans la hiérarchie masculine, on comprend que ces conquêtes-là puissent se collectionner avant de laisser la place aux amours plus personnelles de la maturité. La femme qui fait la différence est alors celle qui permet au jeune homme de quitter sa problématique de garçon parmi les garçons et de renouer avec son histoire infan-tile, ses attachements, son œdipe, ses désirs singuliers, pour construire sa vie d'homme.

La vulnérabilité cachée

« Moi, j'étais un gosse plutôt malingre. Pas trop assuré. Mon père me traitait de mauviette et ma mère me comblait de ces petites attentions qui font plaisir et qui font honte devant les copains. Une petite fleur cachée dans mon cartable avec un mot gentil, un joli nœud entourant mon sandwich, le genre de connerie qui fait hurler un gamin de dix ans ! J'étais son chéri et elle vou-lait que je ne l'oublie pas. Cela ne m'aidait pas à prendre de l'assurance car j'étais partagé entre la peur que m'ins-pirait mon père et la honte qu'elle me causait.

Les gamins de mon école n'étaient pas pires que d'autres, nous étions dans un cours privé, plutôt bien-veillant et stimulant. Je n'imagine même pas ce que j'aurais subi dans un collège ordinaire de banlieue. On me traitait de minus ou de crevette, on me pinçait dans les rangs, jetait ma serviette dans la piscine, me piquait mon béret ou mon écharpe pour les lancer dans la boue. Rien de spectaculaire. Juste la petite violence mesquine des petits coqs entre eux. La répétition quotidienne de sadismes minuscules dont je ne savais pas me défendre. Si j'en avais parlé à la maison, mon père aurait voulu m'apprendre à me battre et ma mère serait allée se plaindre à l'école. J'ai donc encaissé sans moufter, me jurant bien de trouver une façon de me venger un jour. Et puis, j'ai grandi, le lycée m'a un peu épargné, j'avais trouvé mon style, un peu dandy, un peu vantard, et je l'ai cultivé. Reste que je guettais toujours les regards des mecs sur mon look, sur mon comportement. Je n'étais jamais tranquille. J'avais toujours peur de passer pour un plouc.

À l'IUT, j'ai fait la connaissance de Sirène, une blonde supercanon, intelligente, gentille, anorexique et frigide, pas très rock'n' roll dans l'intimité, mais superglamour partout ailleurs. En toutes circonstances, elle tenait bien haut sa tête laquée et souriait toujours, d'un petit air égaré, patient et naïf, même lorsqu'elle avait pleuré toute la nuit. Sa mère la terrorisait, une femme glaciale et per-fectionniste auprès de qui Sirène se sentait toujours grosse et laide. C'était vraiment une bonne fille malgré ses airs de mannequin niaise, et pas du tout la nunuche qu'elle voulait faire croire. C'est elle qui m'a appris à gar-der la face. À tenir fermement le personnage que j'avais choisi et à ignorer le reste. Quels qu'aient été mes fiascos intimes, grâce à elle, je suis devenu hors d'atteinte des attaques. J'ai bien compris la leçon : qu'importe ce que tu es, ce qui compte c'est ce que tu parais. »

En écoutant l'histoire du petit garçon qui ne savait pas comment faire pour être un homme, me revient le souve-nir des statistiques sur la dépression, le suicide, les comportements suicidaires et les prises de risque des adolescents. J'ai beau savoir que, toutes tranches d'âge confondues, les hommes se détruisent trois fois plus que les femmes, je n'aurais jamais pensé que Max, la grande gueule, le play-boy, le symbole sexuel, me rappellerait la vulnérabilité masculine que toute notre société s'entend à dissimuler. Le modèle macho tant décrié repose sur une conception de la virilité agressive et dominatrice que les femmes ne sont pas les seules à contester et dont elles ne sont pas les seules à souffrir.

Tous les garçons ne se reconnaissent pas dans la violence et l'exaspération des rapports de force. Beaucoup en subissent des outrages quotidiens, à l'école comme dans la rue, les stades ou les bars. Beaucoup d'homosexuels peuvent en témoigner et bien d'autres garçons en souffrent sans jamais oser s'en plaindre. Que peut faire alors celui qui veut exister hors des schémas traditionnels de la virilité quérulente ou exacerbée ? La plupart des garçons n'imaginent pas avoir le choix. Il leur faut copier les copains, attaquer pour ne pas se faire agresser, prendre pour modèle celui qui n'a pas froid aux yeux et se servir des filles pour prouver qu'on est un garçon.

Stratégies de survie en milieu hostile

« Les hommes, explique Max, sont soumis à des pressions que tout le monde fait semblant d'ignorer. Comme si le sexe fort était invulnérable, comme si les rapports de force violents ne nous contraignaient pas. Imaginez une classe d'adolescents au collège. Les uns et les autres se scrutent et s'épient pour savoir qui tirera le premier. Qui le premier déclarera ouvertes les hostilités. Certaines têtes de Turc sont déjà élues depuis le primaire, des mômes comme moi, les plus petits ou les moins affirmés, qu'on tyrannise joyeusement. Et voilà que les filles entrent en puberté, alors qu'on en est encore à la Play-station. C'est la cata ! Leurs seins poussent, elles se fringuent et se dandinent, elles pouffent de rire en nous regardant, à croire qu'elles connaissent tous nos défauts, nos petites manies et nos craintes. Nous grandissons, mais elles sont toujours en avance sur nous. Plus délurées, plus brillantes, plus averties, en tout et sur tout. En cours également, elles sont meilleures que nous. Elles réussissent mieux que les grandes gueules et en sont fières. Elles se moquent d'eux comme ils se moquent de nous, les traitent de gamins, gloussent et rient sous cape. Résultat, les plus agressifs d'entre eux vont tenter de se réunir pour les coincer dans un coin. Une cave, une cage d'escalier. Et la fille apprendra à baisser le nez devant ses maîtres ! À s'habiller plus discrètement si elle ne veut pas qu'on la traite de pute. C'est la face cachée du monde macho. Un monde de mâles agressifs, tueurs, où les garçons n'ont guère d'autre choix que de prendre des coups ou d'en donner. Moi, j'ai choisi une autre voie, plus singulière. Pas plus glorieuse qu'une autre. Les filles que je collectionne me protègent. Je le reconnais. »

Max est un dragueur impénitent. Son comportement fait vraiment penser à celui des machos convaincus de la supériorité quasi aryenne du mâle sur la femelle. Or ses confidences et ses analyses nous font percevoir l'autre visage du mâle arrogant. Il nous rappelle que la sensibilité, la fragilité et le manque de confiance en soi peuvent se cacher derrière des signes manifestes de réassurance. Les pleurs de sa mère et les angoisses de Sirène lui ont appris ce que savent bien des femmes : les stratégies de survie individuelle en milieu hostile sont complexes et peuvent paraître paradoxales, chacun cherche, trouve et développe les siennes. Max fait partie de ceux qui dissimulent leurs failles et leurs craintes derrière l'apparence et le comportement du dragueur invétéré. Il joue à l'homme libre pour juguler ses angoisses existentielles. Il dit collectionner les filles pour dissimuler son doute sur ce qu'est un homme.

Ce que disent les femmes

Quand les Max sont démasqués

Il est de bonne guerre que les femmes délaissées ayant souffert aient envie de se venger. Ainsi, lorsqu'elle leur est donnée, leur parole explose de ressentiments. Il m'aurait donc été facile de tenter un inventaire des critiques féminines sur les coureurs de jupons qui vont de fille en fille. Les récits et les témoignages abondent en descriptions peu flatteuses voire cruelles des faces cachées de ces irrésistibles don Juan qui font souffrir les belles. Or Max nous a montré la détresse dissimulée sous le masque. Impossible alors de faire comme si tous les joyeux play-boys n'étaient que d'archaïques machos. Je commencerai donc par évoquer celles qui disent n'avoir pas souffert de la légèreté des jolis papillons de soirée.

Leur premier argument est clair : il est facile de les démasquer. Derrière le beau plumage, crêtes vives et plumes colorées, l'oisillon ne tarde pas à montrer son duvet. Et sa fragilité infantile ne le rend pas toujours désarmant. Toutes les femmes ne sont pas attendries par l'immature juvénile qui volette de part en part. Elles le laissent faire ses expériences mais évitent de s'y attacher et le poussent gentiment hors du nid pour qu'il aille pépier plus loin. Autrement dit, s'il ne reste pas, c'est qu'on ne l'y invite pas. Joli retournement de situation. Les Max croient quitter alors que personne ne les retient.

Le deuxième argument des dames qui ne se laissent pas faire par les coureurs comme Max, c'est qu'ils n'inspirent pas confiance. Trop d'effets de plumes. La plupart d'entre elles se méfient autant de son ramage que de son plumage. Elles savent très bien qu'il ne restera pas. Elles savent qu'il ne sera pas fidèle. Qu'il ne garantit aucun avenir. C'est un oiseau de passage, un romanichel de l'amour, un nomade avec qui rien ne peut se construire. Alors, elles le fuient. Certaines en rêvent peut-être, mais elles ne s'en laissent pas conter et détournent leur chemin. Ainsi le chasseur qui croit avoir toutes les femmes ne capte jamais que celles qui le veulent bien.

Le troisième argument, c'est qu'elles se servent de lui comme il se sert d'elles, pour paraître. C'est alors comme un jeu, un défi : l'attraper, se laisser avoir pour l'avoir, pour montrer ce dont on est capable. Ainsi le chasseur a-t-il raison de se voir pourchassé, mais il est dans l'erreur quant à l'objectif de ses prédatrices. Il n'est pas recherché comme il le croit pour être domestiqué, ni comme étalon pour assurer la procréation, mais tout simplement comme trophée. Juste retour des choses, les hommes n'ayant pas le privilège de la compétition, de la collection et des rapports de force.

Attraper la queue de la comète

Sophie savait Sam séducteur, dragueur et inconstant. C'était le plus joli célibataire du coin et le plus volage. Il détenait le record des conquêtes et la pire réputation qui soit. Ses copines en avaient fait les frais et sa mère l'avait maintes fois prévenue. Sophie savait qu'il ne fallait pas s'en approcher sous peine d'être embarquée dans une aventure sans lendemain, qui ne lui laisserait que ses yeux pour pleurer selon l'adage maternel. Mais Sophie n'était pas sage. Elle pensait pouvoir transformer le joli garçon coureur en bon mari. Préjugeait-elle de la force de ses charmes ? Fut-elle la victime de son désir de transgresser les conseils maternels ? Avait-elle la conviction que l'amour pouvait tout changer ? Le romantisme du danger et l'attrait du fruit défendu eurent raison de sa raison. Elle fonça dans le piège et fit tout ce que sa mère lui avait déconseillé.

Leur aventure fut joyeuse, Sam aimait la fête. Ils partirent en week-end au bord de la mer, dansèrent la nuit au ras des vagues. Il lui offrit une rose au petit déjeuner et tous deux reprirent la route en chantant. Ils se quittèrent avec des baisers enflammés. Sophie vivait un grand amour. Le soir même, elle lui laissait un message, attendant qu'il la rappelle. Comme elle ne voulait pas lui mettre la pression, elle attendit toute la nuit et ne le rappela qu'au matin. Trois jours durant, elle le harcela. Jusqu'à ce qu'il lui déclare nettement que leur histoire était finie. Ils avaient tous les deux vécu un bon moment, mais c'était terminé.

Que se passa-t-il alors dans la jolie tête de Sophie ? La demoiselle bien élevée à qui sa maman avait prodigué autant de bons conseils que de parfaits exemples perdit la tête. Elle adressa à Sam des lettres enflammées, puis des lettres de menaces, campa devant son appartement, suivit sa voiture, raya la carrosserie de celle-ci, mit le feu à son paillasson et à ses poubelles, planta un couteau dans sa porte. Nul doute que l'étape suivante était l'agression de Sam lui-même.

Hospitalisée à la demande de sa famille, elle ne recouvra ses esprits que grâce à quelques médicaments et une psychothérapie. Sam ne se sentit pas concerné par la catastrophe de Sophie. Et personne, à part la mère de celle-ci, ne le rendit responsable d'une décompensation qui révélait l'intensité des fragilités psychiques de la jeune fille.

Les séducteurs comme Max ne cachent pas leur jeu, ne mentent pas comme le font les maris régulièrement adultères, ne simulent pas des attachements dont ils sont incapables. Bien au contraire, ils le proclament : ils sont volages et n'est pas née celle qui les mettra en cage. Ils veulent passer du bon temps et n'entendent pas s'engager. À bonne entendeuse, salut. Or cette annonce qui devrait faire fuir les demoiselles en quête d'un mari semble en attirer plus d'une. Celles-là sont presque garanties de souffrir ; les autres, on l'a vu, ne perdent pas leur temps à vouloir capturer et enfermer les papillons. Pourquoi donc vouloir retenir celui qui passe ? Si ce n'est parce qu'il passe, justement. Un vol qui active ou plutôt réveille le désir de le retenir.

Par ailleurs, certaines demoiselles regardent, fascinées, celui que d'autres filles convoitent. Vouloir attraper la comète devient alors un défi que certaines sont prêtes à se lancer. Les mâles n'ayant pas le privilège de l'esprit de compétition, reconnaissons que beaucoup sont capables de se battre pour décrocher un beau garçon, comme elles le font pour un bon job. L'ayant obtenu, elles lui trouveront peut-être moins d'intérêt, à moins que les copines continuent de lorgner sur lui. S'il se range, il perdra de sa valeur, et les dames se trouveront bien amères de voir que leur acquisition ne valait pas les efforts consentis pour l'obtenir. S'il continue de papillonner, il restera désirable, insatisfaisant, hautement précieux. Telles sont les apories du désir.

Bel ami, bel amant

Sil est difficile d'être marié à l'un de ces cavaleurs, il arrive qu'on ait la chance d'en rencontrer un au bon moment. Quand la solitude, le chagrin ou l'épreuve rendent désert le lit des dames, il est des hommes qui savent le réchauffer. Et qui sont capables d'éclairer la convalescence, l'automne ou même l'hiver de bien des détresses. Il suffit aux solitaires de ne pas chercher l'exclusivité, d'être un peu partageuses, surtout pas jalouses, et elles peuvent recueillir de vrais instants de bonheur. Bonheur passager, certes, mais pourquoi refuser les bons moments quand la vie est amère ?

Hortense garde de l'un d'eux un souvenir ému. « Je venais de me faire opérer, une hystérectomie. J'avais quarante-trois ans et mon célibat de jeune divorcée

s'agrémentait de quelques rares aventures sans lendemain, l'envie de reformer un couple m'ayant quittée avec
le départ de mon mari. Subir ce genre d'opération n'est
pas une aventure bien joyeuse, même pour qui est bien
informée. Je me demandais donc quand et comment j'ose-
rais à nouveau faire l'amour. Et avec qui. Impossible
d'aller à l'aveuglette et de prendre le risque de tomber sur
un brutal, un goujat ou un maladroit. J'avais peur de souffrir, d'être gênée par ma cicatrice, de trouver laide ma
nudité... C'est pourquoi je me suis tournée vers Ludo. Un
ami, sans plus. Une réputation de doux galant, amoureux
de l'amour, un homme à femmes. Le plus simplement du
monde, je l'ai invité chez moi, pour un petit dîner gour-
mand qui ne laissait planer aucun doute sur mes inten-
tions, et je lui ai parlé de mon opération. Ensuite, nous
sommes allés directement dans ma chambre. Il avait les
gestes doux, une bonne connaissance du corps féminin,
l'habitude des caresses et l'infinie patience de l'homme
amoureux. Ce fut tendre et très savoureux.

Nous avons recommencé une ou deux fois ensuite. Toujours avec plaisir, toujours sans passion. Je lui en suis
vraiment reconnaissante. Grâce à lui, j'ai retrouvé ma
féminité, ma confiance, mon corps et ma liberté de
femme. Je sais que c'est un coureur de dames, mais c'est
aussi une sorte de docteur de l'âme féminine. Même s'il a
fait pleurer quelques dames trop éprises, il en a réjoui
assez d'autres pour mériter une décoration. Mûres,
rondes, jeunes, frêles, mannequins superbes ou beautés
fanées, nous avons toutes nos chances. Il suffit d'en avoir
envie. Je reconnais que c'est une vraie girouette, un
amant de passage, impossible à conserver pour soi toute
seule. Un homme comme lui, cela doit rester libre, et disponible. C'est une bénédiction ! »

Qui trop embrasse…

Pour ne pas donner à penser que toutes les femmes adorent les cœurs d'artichaut pour leurs qualités d'amants expérimentés, je me dois de donner la parole à Sidonie. Car elle connaît les hommes. Elle le proclame haut et fort : les grands séducteurs n'ont pour elle aucun secret.

« J'en ai aimé plusieurs. Et je dois reconnaître qu'ils ont un certain charme. En tout cas, avec eux, on est en terrain connu. Pas de trop mauvaises surprises. Ils se vantent de connaître les femmes et de savoir comment les envoyer au ciel ! Pourtant, ce ne sont pas toujours des amants extraordinaires. Ils n'ont pas le temps de découvrir nos petites musiques singulières, et fonctionnent un peu sur un schéma unique qui leur a prouvé son efficacité : l'oreille, la bouche, le clitoris, et on y va. Certes, ce ne sont pas de ces impétueux, à vous pénétrer sans un mot tant la passion leur fait perdre la tête. Non, ils savent l'importance des mots tendres, prononcés d'une voix grave avec le regard humide. C'est le rituel du restaurant, en face à face, douce lumière, bon vin. Et de se mettre en scène : modestes, charmeurs, simples, joueurs, attendrissants. Ensuite, une petite promenade au clair de lune, ou de réverbère, est toujours bienvenue. Enfin, le grand classique : le baiser profond, pour lequel ils ont un vrai et incontestable savoir-faire, qui relève de la méthode, de la réflexion et de l'expérience. Autrement dit, l'haleine est fraîche, ça ne bave pas, ça ne ventouse pas, on prend le temps de respirer. Et ils évitent d'en profiter pour nous pincer les seins, pour râler ou pour bégayer, ce qui perd souvent le néophyte. Au lit, ils ne reprennent pas toujours le protocole au début, et se consacrent sur la zone qui leur semble la plus efficace. Un rapide passage dans le cou et ils glissent sur les seins, effleurement du téton, petits léchages brefs. Puis, le clitoris ! Car ces messieurs ont du savoir-vivre. La féminité est leur domaine de compétence. Le clitoris est donc l'objet de toutes leurs attentions. Comme ni la passion ni l'inexpérience ne les égarent, dès qu'ils perçoivent un minimum de réceptivité, ils y vont. Certains sont doués, ont de l'endurance, d'autres sont plus vite arrivés. Rien de trop violent, de trop long ni de trop éprouvant. En gros, ils ont les qualités et les défauts de bons professionnels compétents et expérimentés. Aucun risque de fiasco ni de magie. Pas de débordement. Aucune fantaisie. Ni bestialité ni mollesse, un honnête rapport entre investissement et profit. »

J'aurais adoré lui faire rencontrer Max. Du haut de ses soixante-cinq ans, il est incontestable que la belle l'aurait dragué sans attendre. Hélas, dès qu'il a eu pris connaissance de son invitation, le futé l'a récusée vivement. Je le regrette. Certes, la dame n'était pas conforme aux canons actuels, mais son humour aurait pu plaire. «Pas question. Elle me fait bien trop peur. Sa longue expérience ne me donne pas du tout envie de me mesurer à elle. La compétition entre les hommes me semble déjà bien assez amère pour que je me risque à affronter la version femelle du machisme habituel. »

Celui qui craint de s'engager : le polygame infidèle

Un des droits de l'homme

Certains amants revendiquent l'infidélité comme un des plus fondamentaux droits de l'homme. Ils proclament désirer toutes les femmes et vouloir les avoir toutes. Ils s'estiment capables de toutes les conquérir, les combler, les quitter. Coureurs, dragueurs, charmeurs, ils sont aussi difficiles à éviter qu'à garder, ce sont des toucheà-tout, autant polygames qu'infidèles. Parmi eux, Max nous a permis de découvrir quelques failles chez ceux qui fuient l'engagement dans le couple : ce sont les polygames anxieux, ces hommes qui ont besoin des femmes pour démontrer leur virilité.

Je ne me fais pas d'illusion, cette hypothèse risque de déplaire. Certes, chacun sait que les masques les plus fiers cachent des blessures et que les comportements outranciers dissimulent mal bien des faiblesses. Je ne garantis toutefois pas qu'en conviennent les machos agressifs, pas plus que leurs victimes d'ailleurs, épouses battues, amantes délaissées, femmes méprisées, la dénonciation des bourreaux s'accommodant assez mal des nuances qu'apporte la compréhension de leurs faiblesses.

Loin de prétendre que tous les séducteurs sont des machos ou tous les machos des agressifs, je pense toutefois que bien des excès et des fureurs sont dus à la crainte masculine bien particulière qui consiste à avoir peur de ne pas être à la hauteur. Considérant que les hommes sont aussi vulnérables que les autres humains, j'observe que le chemin qui mène à la masculinité doit traverser sans s'y perdre les écueils de la virilité. Devenir un homme parmi ses pairs ne semble pas une aventure facile. Ce n'est donc pas faire preuve de misanthropie que d'interroger les difficultés et les impasses de la masculinité dans une société qui n'exige des hommes que pouvoir et virilité. Il semblerait qu'il soit difficile de devenir un homme sans devoir exprimer sa masculinité par la brutalité, et sa puissance dans les rapports de force. De la même manière, reconnaissons qu'il reste difficile de devenir une femme sans être contrainte à jouer la poupée pour être regardée ou à la maman pour être écoutée.

La virilité en question

Interroger l'infidélité masculine par le biais du papillon-nage sexuel nous conduit donc à quelques-unes des ques-tions que se pose le garçon lorsqu'il entre en puberté : comment fait-on pour devenir un homme ? Comment sait-on qu'on en est un ? Et qu'on va être considéré comme tel ?

Les schémas habituels de la psychologie nous le décrivent regardant son papa chéri, ses grands frères jalousés, mettant ses pas dans les pas des hommes de sa famille. L'identification au père fondant la structure de l'identité masculine, elle devient le modèle de celui qui admire, aime et craint le chef de sa famille, le mâle domi-nant, celui en qui il veut se reconnaître et par qui il désire âprement être reconnu. Mais que se passe-t-il quand la figure paternelle ne correspond pas à l'image d'Épinal d'un pater familias fort et courageux, incontestable dans ses droits, quasiment infaillible dans son statut et maître absolu de la mère et de ses émois ? Que se passe-t-il quand le fils prend conscience que son père est un homme ordinaire – ou pire – et qu'il craint de lui ressem-bler ? Quand le père lui-même ne reconnaît pas son fils, ne voit pas en lui celui qui pourrait lui succéder, le prolon-ger ?

Le témoignage de Max ouvre quelques horizons. Il sem-blerait bien que le garçon cherche ses modèles en obser-vant et suivant les autres garçons. À l'identification verticale de la lignée et de la généalogie, se substitue alors l'identification horizontale des stratégies d'alliance. Le moins assuré des jeunes hommes lorgne au-delà de son père, il scrute l'horizon des garçons de son âge, regarde là où ceux-ci regardent. Les figures qu'il trouve alors ne sont pas faites pour le rassurer sur sa fragilité. Car les autres semblent savoir répondre à sa question existentielle par l'agressivité, la compétition, le déni de leurs faiblesses et l'instauration d'un rapport de force permanent avec les filles. La réponse du groupe de jeunes gens semble simple : la métamorphose d'un gamin en homme commence par la queue, par l'art de savoir s'en vanter, puis de s'en servir. Très vite s'impose l'idée qu'on devient un homme en s'affirmant comme un mâle. La masculinité passe par la virilité et parfois s'y arrête.

Et cette virilité, qui témoigne pour certains de leur identité d'hommes, ne peut rester vive sans être stimulée. Autrement dit la question du désir, de la permanence de sa vivacité, se retrouve centrale chez celui qui craint pour son identité masculine. Celui qui dépend de ses érections pour se sentir un homme n'envisage pas facilement le confort que donne la confiance. Une angoisse de perte très singulière qui explique en partie pourquoi des polygames infidèles comme Max se débattent pour ne pas être piégés par le couple et attendris par l'amour.

Le piège de l'amour

Max fait partie de ceux qui ne se prétendent pas, comme tant d'autres jeunes mâles, experts dans la domination des femmes par la suprématie de leur genre, mais dans l'art de toutes les séduire. Surestimation de ses capacités, illusion sur l'attente des femmes, il pense avoir trouvé la parade qui lui permet de sauver sa mise dans la mystérieuse alchimie de l'identité masculine, de rester libre de voir son désir s'enflammer au gré des rencontres.

Or, pour des hommes aussi volages, soucieux d'aller où va leur libido, le plus grand risque semble bien être l'amour. Autant celui qu'ils s'efforcent de ne pas éprouver que celui qu'ils provoquent. La flamme qu'ils déclenchent peut devenir dangereuse quand elle pousse une jeune femme éprise à vouloir changer le galant d'un jour en mari quotidien. Car celui qui aime la conquête ne sait pas toujours résister à l'ardeur qu'il suscite. C'est son point faible, comme c'est le point faible de tous ceux dont l'assurance affective et identitaire est fragile. Il aime être aimé. Il veut séduire, il veut plaire. Il cherche à déclencher l'amour dont il a besoin pour vivre, même s'il doit ensuite tout faire pour lui échapper.

C'est ainsi que peut arriver l'impensable : une belle fille résolue réussit à prendre le papillon dans ses filets. Persuadée que son apparence frivole cache une âme sensible – n'oublions pas que l'amour est intuitif –, elle se croit à la hauteur du challenge. Attraper le beau spécimen, le garder. Pour cela, le changer. L'appâter, le capturer, l'apprivoiser. Amoureuse, elle se dit certainement que l'amour « peut tout », qu'il est « plus fort que la mort » et qu'il « déplace des montagnes ». N'est-ce pas ce que croient encore aujourd'hui les jeunes filles ? Convaincue de la véracité de ces adages romantiques et consciente de sa propre détermination, elle se lance alors dans la folle entreprise qui consiste à vouloir faire changer un homme qui n'en a pas envie.

Il est probable que son ambitieux projet ne soit pas sans attrait pour celui qui n'aime rien tant que l'amour qu'on lui voue. Mais les choses se mettent à mal tourner quand il prend conscience de l'ampleur des grands travaux dont il fait l'objet et du peu de liberté et de pouvoirs que lui autorise sa captivité. Même sa participation passive et ironique s'essouffle, il s'ennuie et voit son énergie libidinale baisser. C'est l'affolement. La mort assurée. Il est alors urgent de prendre le large. Abandonnant à ses rêves impossibles celle qui n'a pas réussi à le sédentariser, il part sans un mot, sans une explication, toute son âme tendue vers l'espoir de recouvrer sa libido.

Une fois ses larmes séchées, parions que notre courageuse dompteuse tentera un nouveau pari improbable, les femmes guérisseuses d'hommes ne se soignant pas souvent elles-mêmes.

L'impossible pari du couple

Max fuit la monogamie, Ben la revendique. L'un vit l'amour au gré de ses courtes liaisons, l'autre complète un mariage heureux avec ses petites aventures. Tous deux sont infidèles, le reconnaissent et le défendent. En les écoutant nous comprenons que, pour certains hommes, l'infidélité est une protection, un mécanisme de défense. Ainsi ne se contentent-ils pas de nous aider à interroger l'âme masculine, ses défis, ses impasses et ses gloires, ils nous rappellent ce que la promesse amoureuse monogame impose à ceux qui s'y engagent. S'engager avec quelqu'un consiste à faire un choix et un pari. Vouloir respecter ce choix et ce pari implique d'être capable de renoncer sans avoir le sentiment de perdre.

Ben nous a montré qu'il n'était pas facile de renoncer à la toute-puissance infantile et à l'illusion phallique chère à son genre. Il nous a indiqué que les infidélités adjacentes pouvaient assez facilement restaurer le pouvoir garanti par le mariage mais compromis par la monogamie. Max nous entraîne sur une autre piste. Son enjeu à lui est moins le pouvoir que le désir. Un désir qu'il sait vulnérable et à quoi la fidélité monogame semble porter une atteinte qu'il ne peut assumer et dont il ne sait se défendre.

En amour, s'engager à être fidèle, c'est accepter de céder une part de sa disponibilité sexuelle – sans craindre de perdre sa libido –, approfondir l'attachement à une seule personne – en renonçant aux autres –, prévoir de vivre avec elle les transformations du désir et les métamorphoses de l'amour, en dépit de l'usure du temps. Qu'on soit hétéro ou homosexuel, c'est faire un pari sur la permanence, projeter sur après-demain ce qu'on éprouve aujourd'hui, vouloir prolonger l'instant en déniant aux ans leur puissance d'érosion. C'est aussi faire un pari sur soi-même. Sur son aptitude à faire vivre son désir, à en être habité, quelles que soient les circonstances. Un acte de foi, d'espoir, qui fait fi de la lucidité qu'apporte l'expérience, en se fondant sur les illusions que donnent le sentiment amoureux et la conviction de ses propres capacités d'élaboration et de changement.

Celui qui ne peut croire qu'aux jouissances actuelles puissent succéder des plaisirs différents, nouveaux et renouvelés, préférera renoncer aux engagements par peur de risquer ce qu'il estime être sa raison de vivre : son désir, tel qu'il le connaît. Tel qu'il craint de le perdre.

La peur de perdre

La privation de jouissances actuelles semble toujours plus lourde que la promesse de bonheurs à venir. Or renoncer à certaines jouissances sans craindre de perdre le goût de jouir, accepter de lâcher pour espérer, apprécier ce qui est donné sans vouloir tout avoir, telles sont les étapes que doivent franchir tous les enfants, bien avant de devenir des adultes, et qu'ils rencontrent à nouveau de nombreuses fois après l'être devenus. C'est l'épreuve de la perte, celle du renoncement. Une expérience symbolique hasardeuse qui ne laisse personne indemne. Le lien affectif et sécurisé aux parents – et surtout à la mère – est alors mis à mal. Il en sortira consolidé ou vacillant, permettra l'amour et l'amitié ou les rendra superficiels.

De la réalité de l'attachement maternel il n'est pourtant pas question ici ; ce qui retient le petit prince dans l'illusion de son royaume, c'est la relation que la reine mère a établie avec lui. Car c'est pour elle qu'il est tout, ou qu'il le croit. Le temps d'une enfance, le temps de réaliser que même si, pour elle, il est tout, jamais il n'aura tout. Que la question de son désir lui appartient à lui seul et que jamais une mère ne peut garantir ce qu'elle promet ou semble promettre. Pour que sa toute-puissance initiale se métamorphose en estime de lui-même et ouvre à la confiance en soi, il devra prendre appui sur l'autre amour de sa mère : son père. C'est grâce à ce dernier que l'enfant pourra se détacher de la première matrice affective, s'éloigner de son aura, prendre ses marques pour grandir et la quitter, sans se perdre. Une aventure délicate que chacun d'entre nous doit traverser. Et qui peut laisser des traces dures et lisses comme des kéloïdes, des pans entiers de la vie psychique rendus quasi stériles par l'incapacité à faire du manque le moteur de son désir.

Vouloir comprendre les infidélités masculines nous conduit donc à repérer les séquelles de ces ratés dans la construction affective première. Certains hommes, même amoureux, sont trop insécurisés pour affronter l'effondrement de leur toute-puissance infantile. Ils colmatent d'illusions narcissiques leur vide initial et tentent d'éviter les mille éclats du manque, frustrations, renoncements et autres pertes, sans toujours savoir y échapper. Parmi eux, certains choisissent l'infidélité, monogame ou polygame, pour restaurer leur identité masculine menacée par leur histoire autant que par ce que la société attend des hommes. Ils semblent craindre la perte de leur pouvoir masculin autant que celle de leur désir d'hommes. Leurs aventures, féminines ou masculines, les rassurent sur ce point.

Par sa prudence, ses scrupules et sa lucidité, Max le volage nous renseigne autant que Ben le retors sur la difficulté d'être un homme. Car si tous deux savent leur impuissance à être fidèles, par peur de perdre comme par incapacité à renoncer, l'un fait de son esclavage un privilège de maître alors que l'autre accepte d'en faire un simple aveu d'humaine faiblesse.

III

LE POLYGAME INDÉCIS OU LE RÊVE D'AIMER TOUTES LES FEMMES

Josh, la constance des inconstants

Le drame discret d'un homme moderne

Allure timide, barbe de deux jours, crâne tondu, yeux dorés, Josh est un homme doux et tendre, un modèle de père et de mari. Marié trois fois, père de deux enfants qu'il voit assez peu, il va nous initier aux subtilités d'une fidélité complexe, celle des hommes pluriels qui aiment simultanément plusieurs femmes et voudraient leur être à toutes fidèles. Son témoignage nous aidera également à poursuivre notre chemin dans les infinis méandres des mensonges d'amour.

Il a rencontré Lou avec qui il vit depuis deux ans. Un couple idéal, l'amour fou, romantique et romanesque. Des fleurs en revenant du marché, c'est lui. Une patience d'ange, c'est elle. Des dîners en amoureux, c'est eux. L'harmonie à deux, l'entente parfaite. De ses précédentes unions, Josh a deux fils. L'aîné, Lucas, vit avec sa mère, en Australie. Tom, le second, un adorable bambin qu'il a eu avec Sonia, vient hélas de virer ado. Il ne le voit plus guère maintenant qu'agrémenté de quelques clones ralentis et hirsutes, le pantalon glissant sur les fesses. Josh et lui passent toutefois de longs moments à jouer au tennis, de la guitare ou à des jeux en ligne. Ils s'entendent bien. Tom aime beaucoup Lou, qui le lui rend bien. Pigiste dans un magazine féminin, rubrique beauté et santé, c'est une longue femme placide, chanteuse d'opérette, amateur de whisky pur malt, de dentelles et de sushis, qui s'est très facilement intégrée dans le groupe des vieux copains de son mari. Sa fille Lolita, qui vient elle aussi d'entrer en puberté, ne leur fait pas souvent cadeau de sa présence. Leur famille recomposée semblant jouer facilement avec la présence et les absences de leurs enfants respectifs, nos tourtereaux commençaient à rêver d'un bébé commun.

Et voici que Josh débarque chez Max avec son ordinateur et sa brosse à dents : Lou l'a mis dehors car il lui a avoué être tombé amoureux de Claire...

C'est l'histoire d'un homme qui aime deux femmes

Or Josh n'est pas un mari menteur infidèle d'habitude. Ce n'est non plus ni un dragueur ni un volage. Il n'a rien de ces sales gosses qui refusent de perdre une once de leur petit pouvoir phallique, il ne craint pas de s'engager ni de tenir sa parole. Il est même particulièrement fidèle. Mais ce n'est pas l'homme d'une seule femme. Il connaît l'amour et ses répétitions, les amours plurielles, parallèles, concomitantes, simultanées.

Son histoire est celle de bien des hommes aimants. Celle d'un homme qui aime sa femme et s'éprend d'une autre, tout en continuant d'aimer la première ; celle de l'épouse qui l'apprend et qui décide de rompre ; celle d'une maîtresse qui découvre que certains hommes mariés aiment leur femme et ne veulent pas la quitter. Une situation classique. Un seul homme, deux femmes, trois personnes malheureuses.

Car si Éros unit les corps et les âmes, il a aussi le chic pour semer la zizanie. Commençons par les souffrances de l'épouse ou de la compagne en titre, la femme qui se croit tendrement et profondément aimée depuis longtemps et croit régner sans partage sur son amour. Peut-elle concevoir qu'il l'aime encore s'il peut s'éprendre d'une autre ? Comment une femme amoureuse peut-elle comprendre ce singulier partage amoureux ? Prenons maintenant la maîtresse. Il est évident qu'elle trouve amère la classique protestation du mari adultère repenti, le « j'aime ma femme » de celui qui bat en retraite pour rentrer au bercail l'air indifférent ou la mine contrite. Que peut-elle penser des sentiments qu'elle croyait partagés ? Là encore, comment une femme amoureuse peut-elle comprendre cette dislocation des sentiments ?

Que ce soit du côté de l'épouse trahie ou de celui de la maîtresse déçue, beaucoup de femmes connaissent l'hésitation amoureuse des hommes et s'en plaignent. Leurs récits nous sont connus et nous touchent. Les femmes savent exprimer et faire connaître leur souffrance. Quant au coupable, s'il est classique qu'on le somme de parler, il est tout aussi habituel qu'on lui demande de se taire. Qui veut entendre les arguments du traître ? Je me trouve donc aujourd'hui à la place dangereuse du messager, celui à qui on reproche souvent les mauvaises nouvelles qu'il transmet. Je vais tenter d'analyser la souffrance de celui par qui le malheur arrive. Je vais parler des affres de celui qui fait défaut aux deux femmes qu'il dit aimer !

C'est donc l'histoire d'un homme qui aime deux femmes. Il ne veut ni quitter l'une ni perdre l'autre. Alors, c'est lui qui est perdu.

Le prix de la liberté

Il est perdu car il tient à son couple, à la compagne qu'il aime et qui l'aime. Il tient aussi à son jeune amour, au désir qui vibre en lui. Il tient à l'une, il tient à l'autre, Josh est un homme qui tient. Il tient bon, ne lâche pas, il ne demande qu'à s'accrocher, il ne renonce pas. Il ne peut quitter, il ne peut lâcher. C'est un homme attachant, attaché. Attaché à deux femmes aimées, il voudrait se dédoubler, il ne peut choisir. Il ne peut arracher de son âme aucune des deux femmes à qui il a donné son amour.

Loin du trio classique du vaudeville, où l'adultère vient pimenter le quotidien du mariage, Josh se trouve au carrefour terrible de la décision qui rend fou. Comme choisir entre deux femmes également chéries ? Il est le frère de tous les hommes qui se retrouvent un jour à la croisée d'un abominable déchirement. Tiraillé entre désir amoureux et engagement amoureux, ou quelles que soient les autres formes de ses amours, il ne peut se résigner à choisir. En cela, il incarne le drame fondamental de l'homme libre : l'implacable nécessité du choix et son impossibilité.

Car le choix est le cadeau de la société à l'homme actuel. La structure classique qui gérait la famille et les liens de parenté au XIXe siècle cadrait et régulait l'existence de chacun sans leur laisser ni choix ni liberté. Construit par les hommes au bénéfice des hommes, le mariage était l'institution qui leur donnait des enfants – tous ceux que mettait au monde la femme légalement épousée – et leur demandait de sauver les apparences de la fidélité conjugale. Ainsi, tout était cadré : une fois l'engagement pris, c'était définitif. La question de privilégier l'un ou l'autre de ses penchants amoureux ne se posait pas. L'épouse restait légitime et les maîtresses cachées. L'homme n'avait pas à choisir.

Aujourd'hui, à l'heure du pacs qui se rompt par consentement mutuel, même le mariage classique, que le divorce peut rompre aisément, ne fait plus de la famille une institution inamovible. La liberté s'est déclarée dans nos lits. Le désir dans nos couples. Le choix est possible. Toujours possible. Donc le choix est devenu nécessaire. Obligatoire même. Rien ni personne, ni le destin, ni la morale, ni les agencements du Code civil, ne peut nous dispenser de notre libre arbitre en matière de conjugalité.

Or choisir est difficile. Cela semble même impossible à quelques-uns des hommes que nous connaissons toutes, que nous aimons bien, surtout si nous avons la chance de ne pas les avoir épousés. Leur difficulté à choisir peut non seulement éclairer la question de la fidélité, mais elle va nous renseigner sur le fonctionnement psychique de certains hommes tendrement aimants qui voudraient aimer toutes leurs femmes avec la même constance.

Les fidélités parallèles

« Je suis profondément fidèle, par nature, par éthique, par paresse aussi peut-être. On peut même dire que je suis un peu conservateur, je n'aime pas jeter, ni changer, j'ai tendance à garder, à accumuler, à entasser. Je suis un lent, je n'aime pas le changement. Fidèle à mes idées, je le suis aussi à mes copains, et bien sûr à mes femmes, à mes amours. Pourquoi ces fidélités plurielles ne sont-elles admises qu'en amitié ? Pourquoi un nouvel amour devrait-il nécessairement chasser celui qui le précédait ? Pourquoi ne peut-on pas tomber amoureux de quelqu'un tout en aimant quelqu'un d'autre ? J'ai le cœur assez grand pour plusieurs femmes... Jamais le désir et la loyauté forte que je ressens pour l'une n'amoindrissent ce que j'éprouve pour l'autre. Je suis un homme à fidélités multiples, à fidélités parallèles. »

C'est certain, Josh est fidèle. Ses attachements durent, se succèdent et se superposent. Il peut tomber amoureux et s'engager, alors qu'il est déjà lié, sans avoir le sentiment de se renier. Il voudrait accumuler les amours sans jamais s'en séparer. Sa polygamie n'est alors que le résultat de son besoin d'aimer, et son incapacité à quitter le signe de sa peur de rompre. Car Josh est un sentimental. Il est de ces hommes qui vont là où leur cœur va. Son carburant, son moteur, son gouvernail, et sa route, c'est l'amour. Il aime et ne souhaite qu'une chose, être aimé de toutes celles qu'il aime. Il voudrait leur rester fidèle, à chacune d'entre elles, à toutes. Il lui semblerait tellement plus simple de pouvoir aimer librement toutes ses femmes sans qu'aucune d'elles ne prenne ombrage des sentiments qu'il éprouve pour une autre.

Or sa compréhension de la fidélité, sur un mode pluriel, simultané et parallèle, se heurte à la tendance nette qu'ont les amoureuses à se vouloir uniques. Josh me rétorque d'ailleurs que même lorsqu'elles ne sont plus amoureuses, les femmes cherchent à faire valoir leur droit à l'exclusivité. Il suppose que l'habitude fut prise lors des générations précédentes, lorsque l'honorabilité que procurait le mariage était bien le seul avenir pour une jeune fille, sa seule formation, son seul statut. L'honorabilité que la société et la famille accordaient à la femme mariée s'agrémentait d'un incontestable supplément de jouissance : le droit, légalement reconnu, à porter seule le titre officiel. Et à mépriser toutes les prétendantes.

Sa lecture des fondements féminins de la fidélité monogame mérite d'être retenue. Je lui concède d'ailleurs qu'aujourd'hui encore, dans une société qui cherche l'équilibre entre les époux, les femmes n'aiment toujours pas vraiment partager leur mari. Nombre d'entre elles mettent d'ailleurs leur point d'honneur à vouloir lui faire oublier celle qu'il a connue avant. Et c'est là où les hommes comme Josh sont très malheureux. Car ce sont des hommes fidèles, qui ne se détachent pas facilement. Incapables de réelle monogamie, ils additionnent les amours et les femmes. On apprécie leur gentillesse et leur fiabilité – ce sont des maris prévenants –, leur disponibilité – ce sont des ex très présents – et la permanence de leurs attachements – ils ne quittent personne de leur plein gré. Tant qu'ils ne sont pas contraints à choisir, ce sont des hommes parfaits. De bons amoureux, mais des maris incertains.

Scènes familiales avec enfant

L'épopée amoureuse de Josh illustre parfaitement son incapacité à rompre. Il n'a jamais su quitter une femme. Joanne fut son premier amour, son grand amour de jeunesse, qu'il connaissait depuis l'enfance. Ils s'adoraient. « Hélas, j'ai rencontré Lise et j'en suis devenu fou. Un déchirement. J'ai tenté de les ménager toutes les deux. Impossible de dire à la femme qu'on vient d'épouser qu'on a craqué pour quelqu'un d'autre ! Impossible de faire comprendre à celle qui nous enflamme qu'on ne veut pas quitter sa femme ! Ni l'une ni l'autre n'auraient rien compris. »

Cela a duré des mois. Josh naviguait de l'une à l'autre, toujours fautif, toujours craintif, toujours menteur. Mais il n'est pas doué pour les cachotteries. Joanne l'a deviné et l'a mis à la porte. « Il faut dire que j'avais fait le con. Lise était enceinte. De Lucas. J'en étais malade. J'ai donc dû partir, Joanne ne m'a pas laissé le choix. Et longtemps elle m'a manqué. C'était la première. Mon premier amour et mon premier chagrin d'amour. Elle me manque encore. Pourtant, mon union avec Lise était très heureuse et j'adorais Lucas, un gosse super. Mais je n'arrivais pas à oublier Joanne. »

Ils sont restés heureux pendant de belles années. Puis Josh a rencontré Sonia et bébé Tom est arrivé. Répétition. Scénario identique. Sauf que Lise n'a pas fait comme Joanne, elle s'accrochait, elle ne voulait rien savoir de Sonia et du petit. Elle tenait à garder son mari pour élever Lucas. Josh a navigué entre les deux maisons pour voir ses deux fils. Puis Lise s'est lassée de ce partage imposé ; elle est partie en Australie. Josh suppose qu'elle voulait le priver de son fils. Lui ne pouvait quitter Sonia et le petit Tom, qui tout jeune encore avait besoin de son père. Trois ans après, il a rencontré Lou et… maintenant c'est Claire.

Cinq femmes. Cinq femmes dans la vie d'un homme de quarante ans. Est-ce énorme ? Non. Ce n'est pas le nombre qui fait l'événement, c'est l'attachement répété. La duplication des scènes familiales avec enfant. La reprise d'un même motif amoureux et douloureux de choix impossible et d'amours parallèles.

Il semble évident que Josh n'a jamais vécu de période célibataire. Ses amours se sont enchaînées, de femme en femme, de coup de foudre en coup de foudre, de noyau familial en noyau familial. Autrement dit, l'amour d'une femme ne l'a jamais immunisé contre le désir pour une autre. Son engagement pour une femme n'a jamais sécrété en lui les anticorps qui le protégeraient de la disponibilité si chère à Max. Comme s'il répétait un scénario essentiel pour lui, et urgent : la fondation d'une nouvelle famille en parallèle à la précédente.

Il n'est pas exclu qu'il répète, à son insu, le drame qui a scellé son enfance. En effet, Josh n'a jamais connu son père, un homme marié que son épouse légitime a menacé de quitter en le privant de ses « vrais » enfants s'il ne rompait pas avec la mère de Josh quand celle-ci s'est trouvée enceinte. Ainsi le petit bâtard ne vécut-il qu'avec sa mère, dont il porte le nom. Son géniteur ne l'a pas reconnu, n'a jamais contribué à son éducation, ni payé la moindre pension alimentaire. Sa mère fut une « fille mère », comme on les appelait encore à l'époque. Ils vivaient dans une petite ville calme et austère qui tolérait mal les écarts de conduite et les faisait payer cher aux femmes et à leurs enfants. Josh a grandi dans la honte et a subi les plaintes et l'amertume de sa mère. Aujourd'hui encore, il se déclare incollable sur la lâcheté des hommes et leur incapacité à assumer leurs actes.

Il n'est pas le seul adulte à reproduire ce qui l'a fait souffrir enfant, sans pouvoir faire autrement que répéter les erreurs du passé, recommencer les fautes commises par ses parents pour essayer de leur trouver de nouvelles issues. C'est un des mécanismes les plus courants de la reproduction négative, la répétition du pire. Nous avons une fâcheuse tendance à foncer sur ce qui nous fait mal et à insister, à renouveler les maux qui nous meurtrissent. Infernal engrenage qui s'apparente souvent à une malédiction familiale. Car sortir de ces enchaînements douloureux ne se fait pas par la seule force de la lucidité et de la volonté. Un long travail analytique est nécessaire à celui qui veut résilier ses engagements inconscients avec le pire.

Un homme à femmes

Une névrose masculine ?

Nul n'est besoin d'avoir été abandonné par son père pour mal vivre la monogamie. Freud[1] disait déjà qu'associée à l'abstinence dont son siècle s'était fait le héraut, elle constituait un facteur majeur de troubles psychiques chez l'homme. Aujourd'hui encore, malgré l'évolution des femmes, la tombée de quelques tabous sur les pratiques sexuelles conjugales et surtout la contraception, et sans qu'ils soient cyniquement adultères ou consciencieusement volages, bien des hommes trouvent que la fidélité monogame est une prouesse dont ils ne se sentent pas capables.

Peut-on être à la fois monogame, fidèle et sincère ? C'est la question que certains hommes veulent poser. Car, Josh le maintient, sa sincérité est la cause de ses ruptures. Il n'aurait jamais quitté Joanne si elle avait accepté sa liaison avec Lise, ou s'il avait pu la lui cacher durablement. De même, il serait resté avec Lise si elle avait supporté qu'il aime Sonia, et avec cette dernière s'il avait pu vivre

---

1. S. Freud, *Malaise dans la civilisation*.

sa passion pour Lou, avec qui il serait encore si elle comprenait qu'il aime Claire...

Il n'est pas le seul à n'avoir jamais quitté volontairement une femme. Ils sont nombreux ceux qui ne demandent qu'à rester avec celles qu'ils aiment, même lorsqu'ils se sont épris d'une autre. Autrement dit, Josh refuse totalement d'être considéré comme un cas unique et surtout pathologique. « Si c'est ma névrose d'aimer plusieurs fois et en même temps et de ne jamais vouloir partir, c'est celle de beaucoup d'hommes. »

Prenons l'exemple de Jason, un bel homme de caractère enjoué, poète, musicien également, et éducateur spécialisé. Aujourd'hui divorcé, après une vie conjugale assez mouvementée, il se plaît à attribuer son amour des femmes à sa prodigalité naturelle.

« J'aime rendre service en général, j'aime qu'on ait besoin de moi. C'est pourquoi je suis toujours prêt à répondre à l'appel d'une femme, qu'elle soit la mienne, qu'elle fût la mienne ou qu'elle soit celle d'un autre. Il suffit qu'elle me regarde pour que naisse en moi l'envie de la combler. » Jason a gardé avec ses trois dernières compagnes des relations très chaleureuses, où le sexe se mêle tendrement à l'amitié.

Julien tient un discours assez proche. « Je ne suis pas sectaire, mes femmes sont souvent les femmes des autres. Je passe dans leur vie et si j'y reste parfois, j'en suis délogé bien souvent par le mari, ou l'amant habituel, qui s'était un peu absenté. Moi, je suis souvent l'homme second, celui qu'on appelle en cas d'urgence. Un complément en quelque sorte. Mais cela me va. J'aime qu'on ait besoin de moi et je suis assez partageur. Tant qu'on me garde, je reste. Si on m'appelle, je reviens. Jamais je n'abandonne personne. Je ne quitte personne. J'ai le cœur assez grand pour plusieurs lits. »

D'où provient une telle générosité ? Jérémy répond : « Ah, rien d'altruiste là-dedans. C'est très intéressé. Car les femmes sont bien souvent prêtes à aimer qui répond à leur désir. Et moi, j'aime qu'on m'aime. J'ai besoin que les femmes m'aiment. Surtout de cet amour-là, celui qu'éveille le désir. Ainsi, de femme en femme, je suis toujours aimant et surtout toujours aimé. Car ce qui compte pour moi, plus que les sens, c'est le sentiment. Atteindre l'âme des femmes, me nicher dans leur douceur, respirer leur peau et leur tendresse. La féminité est un mystère de chaleur chatoyante et soyeuse, odorante et revigorante. En toute femme, on trouve force, tendresse et douceur. C'est pour moi comme un grand giron accueillant où je peux me ressourcer. Toute femme est pour moi un havre. Je suis comme un marin qui voit en chaque femme un port. Un port d'attache. Et je reste attaché à chacune ; elles me sont nécessaires comme les escales aux marins, les abris aux bateaux. »

Un si grand besoin d'amour

Derrière ces doux chants d'amour, il m'est difficile de ne pas entendre une autre voix plus craintive, celle d'un petit garçon affamé qui jamais n'a pu être rassasié. Celle d'un gamin qui ne veut pas mûrir et refuse d'endosser les responsabilités d'un engagement durable et les privations qu'impose le fait de choisir. L'aventurier, l'explorateur et l'amateur de féminité cachent peut-être un jouvenceau assoiffé d'affection qui craint de ne jamais pouvoir atteindre la satiété. Hyperphage et boulimique, il mange vite et avale tout ce qui lui tombe sous la main. La peur du manque aurait-elle les mêmes effets au lit qu'à table ? Ces tendres polygames seraient alors de sacrés mômes. Comme des petits garçons non sortis de l'enfance, ils vont de seins en seins, de bras en bras, de lit en lit, de mariage en mariage, d'histoire d'amour en ratage d'amour, incapables de jamais quitter celles qui les aiment. Ces dames aimantes ne seraient-elles alors que des figures dédoublées de la femme première, la mère, dont elles prolongeraient l'amour, dont elles promettraient l'amour, dont elles garantiraient enfin l'amour ? Est-ce ainsi qu'on peut comprendre que les maris, ou les amants réguliers, ne dérangent pas ces hommes tendres et généreux ? Ils sont même nombreux à reconnaître à la femme mariée des charmes dévastateurs. Parce qu'elle est déjà prise ? Parce qu'elle a l'étoffe familiale qui permet de revivre le rêve amoureux premier ? Une manière de revisiter sur un mode œdipien masculin le trio classique du théâtre bourgeois, le mari, la femme et l'amant.

Ainsi, pas plus qu'ils n'auraient voulu se séparer de leur mère, les amants polygames ne quittent jamais volontairement les femmes qu'ils aiment. Chassés, ils partent difficilement, et reviennent vite si on les rappelle, toujours libres et toujours disponibles. Ils donnent l'amour qui leur manque – ce que nous faisons tous. Ils multiplient les amours pour ne jamais en être privés, évitent de choisir, refusent de rompre. Accumulant les amours comme certains frileux les pulls, ils sentent bien que leur avidité ne les protège ni des frimas ni des disettes sentimentales. Même si les placards sont pleins de provisions, celui qui a eu faim aura toujours peur de manquer de quelque chose. L'amour qui lui a fait défaut un jour lui manquera toujours. Le reste n'est qu'« affaire de décor. Changer de lit, changer de corps », écrivait Aragon dans le poème *Est-ce ainsi que les hommes vivent ?*. On est toujours tout seul avec son histoire, ses carences, sa solitude.

Le mensonge, art et nécessité

Ces tendres pluriels, qui jamais ne voudraient blesser personne, se heurtent toutefois à l'attente des femmes qu'ils aiment. Difficile en effet d'être polygame au pays de la monogamie. L'entreprise s'avère d'une grande complexité. Ainsi sont-ils dans la nécessité de mentir.

« Le mensonge est une forme d'amour. » Telle est la

conviction de Jack, un des plus âpres tenants des fidélités parallèles. Mentir pour cacher, atténuer, arranger, ménager. Mentir à l'une, mentir à l'autre, pour les épargner toutes deux. Apaiser celle qu'on déçoit, faire patienter celle qu'on leurre. « Comment faire autrement ? En amour, le mensonge est un mal nécessaire mais indispensable. Car comment nos femmes supporteraient-elles la vérité : je t'aime et j'aime ailleurs, je vous aime toutes les deux, donne-moi le temps de vous aimer toutes deux. Elles ne veulent pas entendre ça. Si les femmes étaient plus partageuses, nous leur mentirions moins ! »

Jack explique : « Je voudrais me dédoubler, me démultiplier. Vivre dans des univers parallèles et voir les femmes de ma vie sans que jamais ni les unes ni les autres n'en souffrent. En fait, c'est évident, je serais fidèle si je pouvais être polygame. Fidèle à chacune. Fidèle à toutes. Sans plus jamais mentir à personne. Mais c'est impossible. Les journées sont courtes, les week-ends rares et les nuits insuffisantes. Le mensonge n'est qu'une forme d'organisation de l'espace et du temps. Je ne raconte pas tout ce que je fais à l'une, ni tout ce que je dis à l'autre. Je jongle avec les horaires, les trajets, les rendez-vous, les réunions. Je cloisonne. Je cherche surtout à arranger les choses, à éviter le drame, la crise, la dispute. Ce n'est pas trop difficile en fait, je crois que nos femmes nous aident. Elles savent bien qu'en nous serrant de près, nous leur dirions tout. Autant je pense que les épouses des adultères honteux peuvent tomber de haut lorsqu'elles apprennent que leurs impeccables maris les trompent et se sentir vraiment trahies, autant nos femmes à nous, les gentils pluriels, ne sont pas dupes. Elles savent que nos mensonges sont d'amour. »

Mentir pour protéger son couple, pour ne pas faire souffrir. Mentir pour garantir sa propre liberté, pour éviter les scènes. La véritable cause du mensonge altruiste reste donc l'égoïsme de celui qui se protège. Notons toutefois une différence essentielle entre les monogames infidèles et les polygames fidèles : les premiers ne voudraient surtout pas que leurs femmes découvrent leurs frasques, alors que les autres ne rêvent que de pouvoir tout leur dire.

Tromperies sur le Net

Tous les polygames fidèles ne cherchent pas vraiment à être démasqués par leurs compagnes. Il suffit pour s'en persuader de voir le nombre croissant de ceux qui draguent sur Internet, entretiennent de longues relations, épistolaires et érotiques, avec des inconnues, des figures virtuelles, des amantes empêchées. Ils disent ne pas tromper leur femme, se sentent profondément fidèles, et vivent fantasmatiquement une polygamie qu'ils n'oseraient revendiquer.

Ainsi Ronan m'explique-t-il : « Je suis un homme fidèle. Et je déteste avoir des ennuis. Inutile de tenter le diable. Mais en même temps, j'ai envie de me sentir vivre, de ne pas me trouver enfermé dans ma relation amoureuse. Avec Laurine, nous nous entendons bien. Elle est la femme de ma vie. Je n'ai aucune envie de la quitter, ni de lui faire de la peine, ni de l'inquiéter. Mais cela ne me suffit pas. C'est pourquoi, grâce au Net, j'ai trouvé un nouveau souffle. J'ai même pu revigorer ma libido qui s'endormait un peu. J'ai deux relations suivies. Avec deux femmes – du moins je l'espère – qui sont mariées et qui s'ennuient. L'une d'elles a un mari absent et une activité masturbatoire intense, l'autre pratique avec son compagnon des techniques assez osées, violentes même, qu'elle me raconte en détail. Avec elles, je ne m'ennuie jamais. Je ne vois pas ce que Laurine pourrait y redire, mais je me méfie. Elle serait peut-être choquée… Je m'entoure donc de la plus grande discrétion. Oui, si elle voulait se joindre à nous, je serais content. Mais j'ai lancé des perches qu'elle n'a pas saisies. Le partage, ce n'est pas son truc.

Elle est fidèle, comme moi, mais plus exclusive que moi dans ses attachements. »

Ronan nous invite à entrevoir l'immense domaine des amours virtuelles et des pratiques oniriques, fantasmatiques et masturbatoires qui peuvent s'ensuivre. Une femme se sent-elle trompée lorsque son mari, son amant, son compagnon, prend du plaisir sous la douche ? S'il doit bien exister des femmes qui revendiquent la totalité du potentiel éjaculatoire de leur amoureux, la plupart d'entre elles ne s'en soucient pas trop, si le plaisir solitaire en question n'interfère pas dans la relation sexuelle et affective qu'elles escomptent. La puissance fantasmatique de l'auto-érotisme est pourtant intense. Et nul ne sait quelle image – féminine ou pas – accompagne les maris sous leur douche. De même, personne ne sait quelles sont les images sollicitées par son partenaire pour stimuler sa libido pendant les ébats les plus torrides.

Or la jalousie n'est pas que sexuelle. Bien des femmes peuvent souffrir de la relation trop forte que leur homme conserve avec sa mère, son ami d'enfance, sa bande de copains. En dehors des hypothèses relatives à la possessivité radicale de certaines amantes, on peut remarquer combien celui qui maintient ses attachements initiaux en dépit de son engagement dans le couple lui dérobe une part de lui-même. Il peut s'agir d'une réaction vitale face à une partenaire trop avide de pouvoir, il peut s'agir également d'une incapacité à se défaire d'un lien pour en envisager un autre.

C'est ainsi qu'Internet et ses fabuleuses possibilités d'explorer le monde des fantasmes et de vivre des expériences émotives, amoureuses ou érotiques fortes et folles, sans se sentir infidèle, nous éclaire sur ce que l'aventure du couple exige de chacun. Celui qui se sent restreint par la monogamie, qui ne peut maintenir chez la même personne, dans la durée, l'attachement affectif et l'aventure érotique, ne peut qu'aménager sa fidélité dans une forme de polygamie sexuelle ou affective.

Doubles vies

Josh est un de ces amants pluriels qu'un destin contraire empêche de vivre ses amours en paix. Il en est d'autres à qui la chance sourit et qui réussissent même à rendre heureux simultanément deux femmes et leurs enfants. S'ils ont convolé chaque fois en justes noces, ce que la loi proscrit, ils sont déclarés bigames. S'ils entretiennent deux familles, dont l'une seulement – ou aucune – est légale, ce que la morale réprouve, on dit qu'ils mènent une double vie. « Qui a deux maisons perd sa raison, qui a deux femmes perd son âme » : si l'on croit le dicton, le double foyer n'est pas toujours source de joies.

D'ailleurs, qu'ils soient présidents ou émigrés, que leurs unions soient sanctionnées par un mariage coutumier, religieux ou civil, ou qu'elles soient dites « libres », les bigames sont mal vus dans une société, régie par le Code Napoléon, qu'une conception de la famille structure encore sur le mariage. La bigamie confirmée est sanctionnée pénalement et les enfants du second lit, dits « naturels » ou « adultérins », n'ont pas depuis longtemps les mêmes droits que ceux de l'union officielle.

Le sort des enfants nés hors mariage fut longtemps douloureux, les hommes ne pouvant reconnaître que ceux dont la loi les rendait pères, ceux de leur épouse légitime. Autrement dit, qu'ils soient issus de l'adultère honteux ou de liaisons assumées, les bâtards ont longtemps souffert du décalage entre le monde du désir et celui du droit. Dans ce domaine, la loi semble avoir avancé plus rapidement que la morale. Ainsi bigamie et double vie sont-elles toujours mal considérées par la société et ne se vivent-elles que sous le manteau. Au prix de gros efforts pour celui qui prétend aimer deux femmes sans perdre son âme et avoir deux maisons sans perdre sa raison.

La fréquence des amours multiples semblant bien égaler celle de l'amour unique, il est peut-être temps de reconsidérer l'adage selon lequel «la foudre ne peut tomber deux fois au même endroit». Nombre d'amoureux en font l'expérience : coup de foudre, passion brutale ou sentiments romantiques, quand le cœur aime aimer, l'amour lui donne souvent plusieurs rendez-vous. Et chacun se débrouille avec ses penchants et ses inclinations amoureuses, tentant de trouver sa voie entre le Charybde de l'adultère et le Scylla de la double vie.

Notons toutefois que le bigame réussit un challenge dont beaucoup d'hommes peuvent rêver sans en mesurer la difficulté, surtout dans la durée. Même si la morale traditionnelle n'y trouve pas son compte, on peut applaudir l'homme capable de contenter deux femmes alors que l'ordinaire des maris échoue à en satisfaire une seule. Car pour être un bigame heureux, il faut avoir les moyens matériels et psychiques d'organiser une double vie qui convienne à deux foyers, à deux femmes. Tant de compagnes et d'épouses se plaignent du manque de disponibilité de leur mari, même si ce dernier ne les partage qu'avec son travail, ses copains ou le foot ; tant de femmes trompées s'effondrent en apprenant que leur chéri a eu une petite aventure sans lendemain. Comment va réagir celle qui découvre que son époux entretient une union stable avec une autre, avec qui il a peut-être des enfants ? Et pourtant quelques hommes courageux vivent deux fois, simultanément, le mariage qui pèse à tant d'autres. Et il arrive qu'ils mènent cette double mission à bien, aussi longtemps qu'aucun drame n'éclate, que l'amour ou l'amour-propre de l'une ou de l'autre des deux dames également chéries n'est pas piétiné ouvertement.

Ce que disent les femmes

Vivre au quotidien avec le mensonge

J'en connais peu d'ailleurs qui apprécient de se découvrir liées à un de ces menteurs généreux, qu'il soit infidèle d'habitude, bigame ou simple adultère de passage. Elles trouvent le mensonge toxique, bien plus dangereux que la vérité, et parlent de lâcheté, d'immaturité, d'incapacité à assumer actes et engagements.

Écoutons Julienne : « J'attendais qu'il me dise quelque chose, qu'il me parle. Je lui ai tendu la perche dix fois, lui demandant si tout allait bien, s'il m'aimait toujours, s'il ne voulait pas qu'on se parle, qu'on fasse un break... Je le voyais soucieux, anxieux même. Il semblait tout à fait à côté de ses pompes, dans le flou total. Il me jurait son amour, assurait que les soucis provenaient de son boulot, que je me faisais des idées. »

Julienne est une jeune femme tendre et douce, qui a vécu avec Pascal une relation torride. Ils se sont connus dans l'entreprise où ils travaillaient tous deux, Pascal faisant partie des commerciaux, Julienne des hôtesses d'accueil. Un coup de foudre fulgurant, des rencontres ardentes, une sexualité brûlante et urgente pour l'un comme pour l'autre. Comme il habitait loin et qu'elle élevait seule son petit garçon, ils faisaient l'amour dans la voiture, le soir dans les bureaux déserts, passaient des après-midi à l'hôtel. Une folie sexuelle que Julienne n'avait jamais connue, un amour si fort qu'ils se sont mis à faire des projets. Pascal envisageait d'arrêter les voyages constants qui le tenaient sans cesse sur les routes, de prendre un poste fixe et de s'installer avec Julienne qu'il avait visiblement du mal à quitter.

Pendant des mois, se tenant par la main et s'embrassant dans le cou, ils ont visité des appartements. Certains plaisaient beaucoup à Julienne alors qu'aucun ne trouvait grâce aux yeux de Pascal. Elle a fini par s'en inquiéter, trouvait que son fougueux amant manquait un peu d'enthousiasme, en déduisait qu'il hésitait à s'engager ou qu'il avait des problèmes d'argent dont il ne voulait pas parler. Elle a fini par se renseigner au service du personnel et a découvert qu'il était marié et qu'il avait un petit garçon de quelques mois.

« Je ne pouvais le croire. C'était une erreur, une homonymie. Pascal n'avait pas pu me mentir pendant des mois. Je savais bien qu'il m'aimait. Certaines choses ne peuvent s'inventer. Lorsque je lui ai fait part de ma découverte, j'espérais encore qu'on en rirait tous les deux : une telle coïncidence, deux homonymes parmi les commerciaux ! Mais au lieu de cela, il s'est effondré. Il avait peur de me perdre. Il ne pouvait pas quitter sa femme, ni son fils, mais ne voulait pas renoncer à notre amour. C'était il y a dix ans. Nous nous voyons toujours. Très régulièrement. Pascal a fait la connaissance de mon fils, qui l'apprécie beaucoup. Je ne connais ni sa femme ni son enfant, mais je sais tout de leur vie et de leurs soucis. Elle ne sait rien de moi. Je ne dirais pas que Pascal est bigame car nous ne sommes pas mariés, il mène une double vie, certes, je suis sa double vie, sa femme de l'ombre, mais je sais aussi que je suis la femme qu'il aime, vraiment. Sa fidélité à sa femme ne fait aucun doute, et je sais qu'il m'est fidèle également… »

Ils cèdent mais ne rompent pas

Amélie sourit tristement en évoquant Jacob qu'elle a tant aimé. « Il a été l'amour de ma vie. Un amour que j'ai dû apprendre à partager, sinon je l'aurais perdu. Il disait être le genre roseau aimant. Un homme qui cède souvent mais ne rompt jamais. Qui reste fidèle à toutes ses femmes ! S'il n'avait tenu qu'à lui, nous serions encore ensemble. Il aurait suffi que je continue à tout accepter. Et il serait encore à me raconter ses aventures ! Tout allait bien tant qu'il ne lui fallait pas choisir et surtout faire souffrir. Là, c'était la panique. Un vrai désastre. Le grand cafouillage. »

Jacob lui racontait ses aventures et elle en souffrait. Il partait quelque temps, revenait. Elle n'était jamais certaine de le revoir. « Je ne savais même plus si j'étais toujours en couple ou si j'étais seule. Infernal. Inacceptable. » Elle a fini par envoyer à Jacob une lettre de rupture. « Une vraie lettre de démission, ou de licenciement ! Je lui signifiais notre séparation définitive. Et je le priais de ne plus jamais revenir. Je ne sais pas s'il a reçu ma lettre mais je ne l'ai plus revu depuis un moment. »

Aloïs évoque Jean, un autre de ces maris indécis, infidèles mais aimants : « Jean me trompait depuis longtemps. Je m'en doutais bien. Ce n'était pas la première fois. Il était évasif, rêveur, empressé et débordé de travail ! Longues soirées au bureau, week-ends d'étude, coups de téléphone urgents, fatigue, anxiété. J'aurais pu être fixée plus tôt, mais une sorte de torpeur m'en empêchait. Il était si tendre, si amoureux, le doute reprenait toujours le dessus. Il se dérobait à toutes mes questions. Avec humour, gentiment. Un jour, j'ai décidé de savoir. Il m'a suffi de lui dérober son téléphone portable pour découvrir son autre femme. Il l'appelait plusieurs fois par jour ! L'imbécile a nié. C'était l'impasse. Il jurait ses grands dieux m'aimer toujours. Cela m'a rendue folle. Alors, j'ai pris rendez-vous avec la nana du portable. Nous nous sommes rencontrées dans un café. Une fille ordinaire. Nous n'avions pas grand-chose à nous dire, et notre entrevue a été brève. Mais salutaire pour moi. L'avoir vue m'a aidée à réaliser que j'avais envie d'autre chose. Je voulais tourner la page. Mais ç'a été alors la catastrophe nucléaire ! Jean ne voulait pas me quitter. Il en est tombé malade. Il m'a fallu le soutenir pendant sa dépression et attendre qu'il soit remis sur pied pour lui annoncer que j'avais vu un avocat et que ma décision était irrémédiable. »

Scènes de ménage

Si je devais résumer ce que pensent les femmes, je dirais que ces gentils pluriels ne sont pas des cruels, mais qu'ils font mal quand même. Ils voudraient traverser la vie sans jamais blesser personne. Comme on détourne les yeux devant le sang ou les actes chirurgicaux à la télé, ils ne supportent pas la violence, ni les cris, ni les larmes. Surtout s'il s'agit de femmes, surtout s'il s'agit de celles qu'ils aiment, leur mère d'abord et leurs amantes ensuite. Ce sont de bons enfants, tendres et sages, qui recherchent l'amour, total et plein, et ne veulent jamais accepter sa part de douleur et de renoncement. Ainsi ne blessent-ils que par défaut. Ils ne peuvent supporter d'être l'agent de la blessure. Ils souffrent de devoir endosser, involontairement, le rôle du vilain traître. Toute leur âme proteste de leur innocence. Certes, ils sont coupables, ils ne le nient jamais, mais ils le regrettent bien fortement.

Face à tant de bonne volonté, on pourrait penser que la vie est douce. Or il semblerait que ces non-violents provoquent les crises les plus odieuses. De vrais enfers de silences, de non-dits, d'imbroglios émotionnels. Car ce ne sont pas des jaloux ni des hargneux, jamais ils ne provoquent de querelle, jamais ils n'osent aborder les questions qui fâchent ou les sujets délicats. Ils attendent le « bon moment » pour annoncer une mauvaise nouvelle et l'attendent parfois très longtemps, trop longtemps, car il n'existe pas de bon moment pour dire à quelqu'un qu'on aime qu'on aime quelqu'un d'autre. Ainsi se taisent-ils. L'idée d'une scène leur est insoutenable. Affronter le courroux de leur chérie est au-dessus de leurs forces. Une impuissance qui peut dater, comme nous l'avons déjà supposé, de leur premier amour fondateur, avec une mère trop lointaine ou trop proche, dont ils ne sont pas symboliquement séparés. Ils ne peuvent que s'enfermer dans le silence, laissant les non-dits faire des dégâts. Ils regardent les choses se dégrader sans avoir la force de rien y faire, accumulent petites lâchetés et grandes trahisons dans l'espoir d'éviter l'impensable confrontation.

De son côté, la compagne aimée et trompée attend. Comme lui, elle attend. Elle pressent que couve le drame, que le malheur tisse sa toile. Depuis quelque temps, elle a repéré les signes d'une crise qu'elle espère passagère. Elle voudrait laisser faire le temps, que les choses se tassent, que l'amoureux silencieux et anxieux revienne à la raison ou à la passion qui les liait ou qui les lie encore. Elle attend qu'il se détache tout seul de ses autres amours. Qu'il se confesse ou se confie, qu'il avoue, qu'il parle. Elle attend l'impossible, son homme n'ayant pas les moyens psychiques d'être l'agent d'une séparation qu'il ne peut que subir dans la douleur. Chacun attend donc que l'autre parle. Lui voudrait qu'elle devine, ce qui lui faciliterait les choses. Parfois, il va jusqu'à semer quelques indices pour qu'elle prenne l'initiative de crever l'abcès. Pour qu'elle craque, qu'elle crie, qu'elle accuse. Et lui donne ainsi l'occasion de se défendre. Car lui jamais ne voudrait attaquer. Il ne le peut.

Lorsque l'orage éclate, la femme meurtrie insiste sur les mensonges dont le doux traître pense ne s'être servi que pour l'épargner. Quand le pauvre coupable réussit à prendre la parole, c'est pour se voir reprocher ce qu'il dissimulait et qu'il dévoile. Parler semble pire encore que se taire. Car parler ne fait pas oublier qu'il s'est tu. C'est même le paradoxe du mensonge : il ne fait jamais plus souffrir que lorsqu'il cède et dévoile ce qu'il cachait. Il n'est que l'artifice qui cache la vraie félonie, la réalité qu'il dissimule est le vrai poison, celle dont il voudrait épargner la femme qu'il aime, celle qu'elle veut connaître même si elle préférerait n'en jamais rien savoir.

Le traître peut toujours essayer d'évoquer la fidélité

plurielle, les pactes subtils, les alliances amoureuses, Sartre et Beauvoir, rien n'y fait. C'est trop tard. Alors, parfois, il s'effondre. Il pleure. Elle l'accuse de trahison, le traite de volage, d'inconstant, de puéril, de lâche. Elle crie. Il soupire. Elle souffre. Lui aussi. Jusqu'à ce qu'elle décide de rompre et de chasser l'indécis. Rejetant sans appel celui que parfois elle aime encore. L'incapacité de certains de ces attachants pluriels à se séparer pousse souvent leurs compagnes à être l'agent d'une blessure qu'ils ne peuvent assumer. Car même les tendres maternelles aimantes et tolérantes finissent par se lasser de moucher le nez du mari penaud repentant et si rapidement consolé qu'il récidive avant que les larmes soient sèches.

Vieillir ensemble séparément

Lisbeth aime un homme qui lui est fidèle, mais qu'elle partage depuis trente-cinq ans. Leur conception de la fidélité leur permet de s'aimer sans revendiquer la moindre exclusivité et de se séparer régulièrement sans jamais se perdre.

« Liam et moi, nous nous retrouvons tous les ans, pour un voyage en amoureux. Depuis trente-cinq ans, selon notre état de santé ou nos finances, nous passons une semaine, dix jours ou un mois ensemble. Ainsi, nous sommes allés, parmi bien d'autres destinations, au pôle Nord, à l'île Maurice, à Colmar et à Pontivy. Nous avons fait des croisières, pris le train et le ferry, voyagé en péniche, à dos d'âne, fait de la randonnée, du rafting, du ski, avons chanté à Aix-la-Chapelle et jeûné dans un ashram perdu dans les Alpes. Mon mari ne trouve plus rien à redire, il voit bien que mon amour pour Liam n'a rien enlevé à notre relation ni à ma loyauté envers notre famille. Quant aux femmes multiples qui ont bien dû jalonner la vie de Liam, peu d'entre elles, je suppose, ont compris l'étrange fidélité qui nous lie tous deux, alors que nous n'avons pas fait le choix de vivre ensemble.

Quand j'étais jeune, Liam me semblait bien trop immature pour fonder une famille. Notre amour datait de notre adolescence, je le connaissais comme mes frères et il m'inspirait la même confiance. Une tête folle. Un électron libre. Je ne le voyais pas devenir le père de mes enfants. J'ai donc épousé Henri et ne l'ai jamais regretté.

Depuis toujours, avec mes frères au début et tout seuls ensuite, Liam et moi passons nos vacances ensemble, nous adorons camper dans des endroits improbables. Même après mon mariage, nous avons poursuivi nos escapades estivales. Henri détestant tout ce qui s'apparentait à du sport, il a vite compris que je le dispense de ce que nous ne pouvions partager. Avec Liam, je passais donc une semaine à courir les chemins, escalader les roches, dévaler les pentes. Ensuite, je rentrais à la maison m'occuper des gosses et de mon cher époux qui ne perdait rien au change. Ces rendez-vous annuels non seulement se sont maintenus malgré les turbulences de la vie professionnelle de Liam et malgré celles de ma vie familiale, mais ils ont pris de l'importance. Pour rien au monde ni lui ni moi n'aurions manqué ces retrouvailles amoureuses qui, de torrides, sont devenues amicales sans que nous y attachions de l'importance.

Liam ne s'est jamais marié, mais je sais qu'il n'est pas plus chaste que moi. J'ai mon mari, il a ses petites amies. Mais jamais je n'ai douté de lui. Jamais il n'a manqué d'organiser pour nous un séjour, un voyage ou une virée quelque part. Aujourd'hui, je n'ai plus la forme pour le trekking ou le Sahara, nous allons donc à Belle-Île ou dans les calanques et nous marchons calmement en nous racontant l'année écoulée. Je parle de mes enfants et de mes petits-enfants, il ne me raconte pas ses aventures sentimentales. Je sais qu'il m'aime et qu'il m'est fidèle. Une fidélité que je ne lui ai jamais demandée, que nous ne nous sommes jamais promise, mais sur laquelle je n'ai aucun doute. Nous vieillissons. Nous vieillissons tous les deux. Pas tout à fait ensemble, mais pas du tout séparés. »

L'histoire de Lisbeth et Liam n'est pas extraite d'un roman sentimental ou d'un téléfilm d'après-midi. C'est celle de deux de mes amis, tout aussi profondément fidèles l'un à l'autre qu'inaptes à la monogamie classique.

Celui qui ne peut pas choisir : le polygame fidèle

Ce n'est pas parce qu'il en aime une autre
qu'un homme n'aime plus sa femme

Quelques couples semblent s'accommoder de la tendance polygamique assez fréquente chez les hommes. Sans entrer dans l'imagerie du harem, il est des femmes qui acceptent, ou tout simplement qui comprennent le partage amoureux. Certes, beaucoup ne font que s'adapter à l'homme qu'elles aiment et qui ne sait choisir. Mais bien d'autres peuvent rechercher pour elles-mêmes la diversité sentimentale et sexuelle et opter pour les liaisons parallèles à une vie conjugale centrale. Elles peuvent alors avoir une vie amoureuse en dehors de leur couple, trouver des objets à leur désir, et n'attendent pas de leurs hommes l'exclusivité qu'elles ne promettent pas. Ces femmes-là, qui comprennent les amours plurielles, savent bien que ce n'est pas parce qu'un homme couche avec une autre femme qu'il n'aime plus la sienne. Elles le savent car elles le vivent : ce n'est pas parce qu'elles couchent avec un autre homme qu'elles n'aiment plus leur mari.

Notons toutefois que s'entendre sur la possibilité d'avoir des aventures conjugales réciproques, ce n'est pas accepter l'éventualité de doubles vies ou de liaisons durables. Car la question de la polygamie amoureuse n'est pas celle de l'adultère. Même dans un couple ouvert sur d'autres aventures, chacun peut être terriblement peiné de voir la place affective croissante d'une petite liaison qui prend de l'importance. Même la femme la plus partageuse n'entend pas toujours que le partage soit égal entre elle et les amours secondaires de son amoureux, amant régulier ou mari.

C'est d'ailleurs un des problèmes de Josh. Il n'a pas de petites amours de passage, insignifiantes et sans danger, que ses femmes pourraient tolérer. Il n'est pas du tout comme Ben. Il entre véritablement en amour avec chacune de ses amantes. Et avec chacune d'elles il tient un commerce amoureux, avec chacune d'elles il fait couple. Nous ne sommes pas dans l'échangisme, ou toute autre forme de tolérance érotique réciproque, mais bien dans le dédoublement. Et l'amour conjugal suppose l'exclusivité ou du moins la priorité. Autrement dit, toute femme amoureuse et tolérante, avertie des subtilités et complexités de l'âme masculine, peut comprendre que ce n'est pas parce qu'il en aime une autre que son homme ne l'aime plus. Elle aura toutefois du mal à comprendre qu'il aime l'autre autant qu'il l'aime elle.

Car comme il est plus facile d'emprunter l'homme d'une autre que de prêter le sien, il est plus facile de donner un peu de ses droits que d'en céder la moitié, d'octroyer généreusement un peu de place que de la donner toute. Le lien singulier et unique à l'autre, que suppose la notion même de couple, s'il s'accommode parfois du partage, tolère mal le dédoublement. Qu'un homme aime deux femmes, cela revient pour chacune d'elles à se sentir aimée à moitié. En conviennent autant les légitimes que les autres. Pour ne pas souffrir, il faudrait à chacune ne pas espérer régner seule sur un homme que le besoin d'amour pousse vers d'autres girons. Ne pas penser former un couple unique avec un homme qui a besoin de plusieurs foyers. Une évidence qui n'est pas mieux comprise par les épouses que par les maîtresses, par les familles premières que par les secondes.

Familles plurielles

Car non seulement certains hommes attachants et pluriels aiment le couple, les femmes et l'amour, mais ils apprécient la famille et la vie familiale. Certains d'entre eux ne résistent pas à fonder plusieurs unions, donner plusieurs fois leur nom, faire des enfants, les reconnaître et avoir le plus grand désir de les élever. Chaque nouvel amour est pour eux l'espoir d'une nouvelle entente cordiale. Ils rêvent de relier leurs histoires, d'harmoniser la vie de chacun dans un grand élan de tolérance et d'affection, d'ouvrir grands leurs bras et d'accueillir toutes leurs maisonnées. Certains se voient patriarches, régnant sur une smala de petits et un bouquet d'épouses. D'autres préféreraient passer de maison en maison, un ou deux soirs par semaine, être chaque fois accueillis comme des maris, des pères. Car ils aiment leurs enfants, autant qu'ils aiment leurs mères.

Leur drame, ce sont d'ailleurs souvent leurs enfants, dont ils voudraient être proches et dont ils sont séparés. En effet, parmi eux se trouvent quelques-uns de ces hommes modernes qui fournissent le gros des recompositions familiales. Ils accumulent les pensions alimentaires, se débattent avec la carte scolaire et les moitiés de vacances, errent certains week-ends dans les halls des centres commerciaux, des aéroports ou des gares. Contrairement à beaucoup d'hommes qui ne regrettent leurs enfants que lorsque le divorce s'annonce et qu'il faut les gagner à leur mère dans un combat juridique singulier, ils sont investis dans la vie quotidienne de leurs petits, partagent facilement le maternage et vivent avec eux une relation forte. La séparation qui les déchire lorsque la femme aimée décide du divorce les ampute littéralement de leurs enfants dont ils se sentent proches et responsables. Car ce sont des pères conséquents qui ne comprennent pas que certains avocats tablent sur leurs liaisons extraconjugales pour dénigrer leurs capacités parentales. Ce ne sont pas de bons maris, certes, mais bien des femmes reconnaissent que ce sont de bons pères.

Ce sont également ceux qui accourent auprès de leurs ex quand elles ont besoin d'aide ou de réconfort, tant ils sont toujours prêts à consoler sur l'oreiller celles qui ont le cafard et acceptent parfois de les garder comme amants après les avoir repoussés comme maris. Car ne l'oublions pas, même s'ils sont incurablement polygames, ils sont aussi d'une fidélité absolue dont le temps et les séparations ne peuvent avoir raison.

La fidélité comme compulsion

Nous avons vu que le besoin d'amour des gentils polygames parlait de leur enfance et d'une faim affective initiale inassouvie. Ce besoin d'avoir plusieurs foyers simultanés peut confirmer cette hypothèse en la complexifiant. C'est qu'une telle tendance donne aux rencontres amoureuses une coloration génitale et procréative fortement familiale. Toutes les amours ne sont pas destinées à être conjugales, reconnaissons-le. Même aujourd'hui, alors que le couple et la famille sont redevenus des valeurs morales, il reste une large gamme de liaisons érotiques et sentimentales qui ne cherchent pas l'institutionnalisation du couple. Sans aller jusqu'aux extrêmes décrits par Max, accordons à la rencontre amoureuse ses variations sur le thème de l'éphémère.

Or, pour les hommes comme Josh, il semblerait que toutes les amours doivent fonder un foyer. Comme si l'amour ne pouvait être que familial. Comme si la famille, elle seule, autorisait l'amour, et l'engagement, lui seul, accompagnait le désir.

Mon objectif n'étant pas la bienséance ni la paix des ménages, mais l'analyse des mécanismes psychiques en jeu, y compris ceux qui dérangent, il me semble qu'on peut interroger la fidélité de certains polygames comme une véritable compulsion. Une compulsion à fonder des familles. À reproduire un schéma, à répéter une histoire. Dans ce cas, s'il s'avère que l'origine de la répétition n'est pas la première union, bientôt dédoublée, mais la famille d'origine, infantile, qui continue d'être le moteur secret qui téléguide leurs engagements, il convient d'examiner de près ce qui peut attacher un homme à sa famille d'enfance. Il convient d'observer ce qui lie et relie un fils à ses parents, un garçon à sa mère, un enfant à sa famille.

Savoir se séparer

Parmi les hommes qui ont des difficultés à rompre, ceux que nous observons ici vivent la moindre séparation comme une amputation, un abandon, qui les laisse dans le plus sinistre des abattements. Tout se passe comme s'ils n'avaient pas vécu les étapes de séparation-individuation qui construisent l'autonomie affective de l'enfant. Pour eux, se séparer est toujours sanglant, brutal, chirurgical. Ils ne peuvent être l'agent de cette douleur. Par ailleurs, ils ne peuvent affronter les larmes de celles qu'ils ne désirent rien tant que combler, qu'ils voudraient rendre heureuses. Comme l'enfant magique qui rayonne sur le cœur de sa mère, ces gentils polygames, douloureusement fidèles, ne peuvent supporter l'idée de quitter, donc de perdre et de blesser, celles qu'ils aiment et qui les aiment. Pour eux, chaque nouvel amour est une promesse de fusion, un vertige qui les attire et dont ils ne peuvent s'extraire. Malgré les mille désagréments et douleurs que leurs élans pluriels leur imposent, persiste en eux une terrible illusion : chaque femme est une nouvelle promesse de bonheur absolu, sans limites et sans partage.

Chaque nouvel amour apporte donc son lot d'illusions, de confusions, de tourments. Car chaque amour est total. La nouvelle femme aimée ranime la vieille flamme que notre polygame n'a jamais réussi à éteindre : l'illusion infantile de son pouvoir à combler celle qu'il a aimée en premier, sa mère. La magie du premier attachement lui fait toujours espérer s'unir au grand corps magique de sa puissante mère, ne faire qu'un avec elle, lui apporter tout ce dont elle a besoin.

Nous reconnaissons là l'illusion infantile que les petits garçons entretiennent plus longtemps que les petites filles, dont le cordon est souvent coupé avec plus de netteté par une mère désireuse de se différencier d'elles. Quand la fusion n'a pas laissé place à la séparation, l'enfant – le garçon donc le plus souvent, mais pas toujours – reste prisonnier du féminin maternel qui l'a enfanté, accouché mais pas libéré. Un féminin maternel tout-puissant, tout-aimant, inépuisable source de bienfaits, sans limites, une corne d'abondance bénéfique et souveraine qui donne beaucoup, mais demande plus encore. Car la figure de la mère archaïque que nous évoquons ici est habitée par les forces noires de l'inconscient et de la pulsion, elle n'a pas été humanisée par les relations au père, à la famille, ce qu'on appelle l'interdit de l'inceste et ses conséquences, l'œdipe. Elle reste toute-puissante, menaçante autant que comblante, terrorisante autant qu'adulée.

La partition difficile

Serait-ce alors un de ces secrets masculins que nous avons tant de mal à comprendre, et surtout à accepter ? Si mon hypothèse se confirme, dans l'amour de toutes les femmes nos grands fidèles ne rechercheraient que l'amour d'une seule, une seule femme démultipliée dans toutes les autres. Une femme qui n'a pas pu les aimer assez. Une femme qu'on ne peut quitter sans son autorisation. Une femme dont on ne se sépare pas sans son consentement. Une femme, la mère, qui doit se séparer de son enfant pour qu'il puisse se séparer d'elle.

Peut-être pouvons comprendre alors que nos amoureux polygames, fidèles et adultères, sont des hommes qui aiment mais qui craignent les femmes. Ils sont loin de les considérer comme des conquêtes à ravir au père ou aux copains ou des proies, des emblèmes à exhiber. La figure féminine dont ils tombent amoureux semble bien avoir pour eux les attraits et les atouts de la mère archaïque, toute-puissante, capable de se démultiplier dans toutes les femmes.

Face à cette déesse aux innombrables bras, la séparation est impossible. L'homme qui se trouve confronté à cette représentation gigantesque de la mère ne peut se séparer des femmes qu'il aime, car il n'a jamais été lui-même séparé d'elles. C'est l'histoire de l'humanité, le pouvoir maternel confronté à la loi symbolique de l'interdit de l'inceste qui enjoint au père comme à la mère à se séparer de leurs enfants. Celui qui n'a pas vécu cette partition reste collé dans son imaginaire à la puissance du ventre qui l'a porté et auquel il se sent toujours lié. Nos polygames fidèles vouent aux femmes de leur vie un attachement qu'ils ne savent rompre mais dont ils ne peuvent se contenter, toute autre femme rencontrée possédant le même pouvoir fondateur.

Pour infantile que leur amour paraisse, c'est un mode de rapport aux femmes qu'on ne saurait sous-estimer, y compris dans une société qui donne à l'homme la place prépondérante. Car devant les pouvoirs imaginaires accordés à la mère, surtout son inépuisable et sublime capacité à donner de l'amour et à le reprendre, voire à donner la vie et à la reprendre, hommes et femmes sont des petits enfants.

IV

LE MONOGAME CAPTIF OU UNE CERTAINE IDÉE DE L'HOMME

Régis, un homme de parole

Fais ce que dois

« Avec l'honneur, le respect et la loyauté, la fidélité s'inscrit en lettres claires sur le blason d'un homme. Ce n'est pas une question de libido, de liberté sexuelle ou d'attachement amoureux, c'est une question de parole donnée. La fidélité, c'est un choix, une position personnelle, c'est comme le respect des droits de l'homme, une valeur humanisante. »

Ce préambule permet de présenter Régis, qui va nous permettre d'explorer la fidélité masculine sous certains de ses aspects les moins connus. Régis est un homme de soixante ans, depuis peu retiré de la direction de son usine, qui jouit de ressources agréables et sait se montrer très généreux avec ses amis. Veuf depuis des années, il proclame être resté fidèle à son épouse Isabelle pendant tout le temps de leur union et depuis.

« On ne devient pas infidèle sans le vouloir. Sans réfuter l'existence des désirs furtifs et des moments d'égarement, l'homme agit en fonction de son éthique et de la morale de son temps. N'est pas infidèle l'homme qui rêve d'une autre femme ou qui admire un corps dévoilé ou dénudé. En revanche, chacun sait ce qu'il promet et à qui, à quoi il s'engage et comment respecter sa parole pour pouvoir se respecter lui-même. Quant à la soi-disant polygamie par laquelle les hommes seraient tentés, c'est de la foutaise ! Notre culture est monogame, c'est le fonds patrimonial de notre identité d'hommes, de maris et de pères. Le devoir d'un époux est d'honorer sa parole et de respecter son mariage. C'est tout. C'est clair et c'est simple. Un homme ne peut choisir d'être polygame et ne peut s'abaisser à être infidèle. »

Je note rapidement que Régis définit l'homme par ses fonctions de mari et de père, et non de virilité et de masculinité, et que là où d'autres parlent de désir, de liberté et de choix, il répond en termes d'honneur, de respect, de parole. Ni polygame ni infidèle, tel est l'homme ! Le drame de Josh qui ne peut pas choisir, celui de Max qui ne peut s'engager ou celui de Ben qui ne peut se restreindre témoignent pour lui d'aberrations sentimentales post-adolescentes.

« Passé l'âge des bouffées de testostérone post-pubertaires, un adulte ne peut se laisser ainsi mener par sa libido ou son ego. Faire du désir le moteur de ses actes, se laisser gouverner par ses passions, se marier et tromper sa femme, lui mentir, cliver sa vie en deux, c'est médiocre, irresponsable et dangereux. Les infidélités de Ben leurrent sa femme sur les qualités qu'elle lui prête et dont il se pare indûment. Il n'est pas celui qu'il dit être. Il base toute sa vie sur la dissimulation, et met en péril ce à quoi il dit tenir le plus, sa famille. Max mise toute son existence sur la liberté sexuelle et la disponibilité ! C'est aussi illusoire que de croire pouvoir tout obtenir sans rien payer. Il fuit la vie plutôt que de l'affronter, ne bâtit ni ne fonde rien. Quant à Josh, quand mûrira-t-il et acceptera-t-il de trouver dans l'amour d'une femme ce qu'il s'évertue à trouver dans celui de toutes les autres ? Je ne comprends pas. Quel genre d'homme est-ce donc ? »

Un protocole éthique

Sous le regard sévère du maître d'école d'antan pendant la leçon de morale quotidienne, les triviales questions sur la fidélité et l'infidélité masculines semblent conduire à une interrogation fondamentale : quel genre d'homme es-tu, qui crois-tu être, qui veux-tu être ? Autrement dit, Régis fait intervenir dans le débat en lieu et place des questions de libido et de pulsions des notions de surmoi et d'idéal qui ne peuvent être écartées d'une analyse un peu serrée de la fidélité, même amoureuse, même sexuelle.

D'ailleurs, pour atténuer l'austérité de sa position, il assure l'asseoir sur l'expérience. Il a traversé la vie et ses crises, a appris, à ses dépens dit-il, que l'ego est mouvant, le désir labile, les passions fluctuantes. Seul compte ce que l'on construit, ce à quoi l'on croit, ce que l'on transmet. S'il parle de l'honneur d'un homme, c'est qu'il est persuadé que celui qui ne construit pas sa vie ne la mérite pas et que ne pas mériter sa vie conduit à mal la vivre.

Régis se fait le porte-parole d'une morale classique, qui s'est révélée à l'origine de bien des névroses. Les conceptions normatives sur le devoir ont conduit et conduisent encore bien des hommes dans l'impasse d'une souffrance feutrée, silencieuse et progressivement dépressive jusqu'au jour où ils prennent conscience d'être passés à côté de leur vie. On ne peut rester enfermé dans un engagement qui n'a plus de sens sous prétexte qu'on l'a souscrit quelque temps plus tôt. Par ailleurs, la question du désir, qu'il balaie en la renvoyant aux âges pubertaires, n'est pas vaine, car elle pose la question des choix personnels, de leur accord ou hiatus avec les protocoles moraux hérités ou les positions éthiques choisies. Même son âge ne le dédouane pas d'une interrogation sur ses choix, le regard qu'un homme peut poser sur l'existence alors qu'il est à la retraite ne le dédommageant pas des privations et frustrations qu'il s'est imposées auparavant.

Mais Régis ne veut rien entendre. Sa conception de l'homme d'honneur n'attend ni nuance ni analyse. Pourtant, quoi qu'il en dise, sa philosophie n'est pas basée sur l'expérience : celle-ci n'a fait que confirmer la justesse d'une morale dont il ne peut douter. Car c'est un homme de devoir. Ce qui l'habite vient d'ailleurs, de ce qui lui a été transmis. De loin dans son passé et dans celui de sa famille, bien avant son enfance, dans le fonds culturel de son éducation. Hésiter, au seuil de la vieillesse, sur les valeurs qui ont fondé sa vie serait se renier et surtout renier ceux qui les lui ont inculquées. Impossible pour lui. Il a bâti son histoire d'époux sur un modèle de père et une conception de l'homme qu'il a longtemps crus immuables et qu'il ne s'est jamais autorisé à remettre en question.

Petits arrangements avec la mémoire

Dernier enfant d'un homme déjà âgé, Régis perdit son père alors qu'il entrait au collège où il fut pensionnaire jusqu'à son entrée à Centrale. Chez des amis communs, il rencontra Isabelle. La jeune fille était douce, avenante, plutôt pieuse. Elle adorait les enfants. Une vocation quasi divine ; elle voulut donc se marier très vite. Ce qui fut rapidement fait. Le premier enfant, une fille, s'annonça avant le premier anniversaire de leur noce, de quoi combler les deux familles. 1968 passa sans que les tout jeunes époux se sentent vraiment concernés, une deuxième grossesse rendant Isabelle nonchalante pendant que Régis se concentrait sur ses examens.

Le médecin avait alerté le jeune couple dès la première grossesse et fortement déconseillé à Isabelle de recommencer. Sa santé était fragile. Il recommanda de la ménager. D'un commun accord, ils décidèrent toutefois de tenter le deuxième enfant. Il lui fallait un fils, elle voulait un garçon : c'était le but et la raison de leur union. Ils furent exaucés, bien vite leur vint un fils. Leur bonheur était à son comble. Isabelle fut une mère parfaite. Un peu exclusive, certes, elle ne permit jamais à Régis de réellement s'approcher de ses petits et s'écarta de lui sans même qu'il s'en aperçoive. Il avait repris la direction de l'usine familiale et croulait sous les tracas les plus divers. Ainsi ne vit-il pas ses enfants grandir. Leur fille était de santé fragile et de caractère fort. Isabelle ne réussit jamais à la comprendre et se plaignit beaucoup de sa rapide émancipation. Avant même d'avoir atteint la majorité, l'adolescente partit vivre dans une communauté de femmes, en Inde, et ne donna plus de ses nouvelles. Un déchirement pour Isabelle qui aurait tant voulu avoir des petits-enfants. Mais son fils lui restait. Un enfant calme et rêveur qu'elle choya avec un dévouement proche de la dévotion. Jusqu'au jour où il décida de quitter la maison pour partir s'installer avec une femme qui avait le double de son âge. Isabelle en tomba malade et mourut d'une leucémie en quelques mois.

Après quelques années de solitude morose, Régis, qui entre-temps a enterré sa mère et deux de ses frères, vient de vendre l'usine et de prendre sa retraite. Seul, sans nouvelles de ses enfants, sa femme et sa mère décédées, il commence à penser à sa vie. Revoir ses souvenirs, tenter de les consolider, se les approprier pour pouvoir vieillir en compagnie de son passé. Ainsi revoit-il avec nostalgie les quelques images familiales que sa mémoire a sélectionnées. Même s'il reconnaît que l'affection y était plus rare que les remontrances, il maintient sa version d'une enfance heureuse, sous la protection aimante de parents respectables. Sa mère était un ange de bonté, son père un héros trop tôt disparu. Certes, il n'a pas souvenir d'avoir été câliné, mais la mode, dit-il, n'était pas aux effusions, on n'embrassait le plus souvent les enfants qu'après qu'ils étaient endormis. Certes, il n'a pu apprendre le chant comme il l'aurait souhaité, mais la chorale du village, précise-t-il, n'était pas un endroit convenable pour un fils de famille. Certes, il a dû s'astreindre au piano, bien que sans goût pour l'instrument, mais la discipline musicale était recommandée pour les enfants et le Pleyel de son père lui était réservé. Certes, il a renoncé à la carrière littéraire qui l'attirait, mais la direction de l'usine familiale l'attendait...

Jamais il n'a remis en cause ce qu'on exigeait de lui. Jamais il n'a résisté ni ne s'est opposé. Et c'est avec conviction qu'il dit ne pas en avoir réellement souffert. S'il reconnaît parfois avoir trouvé lourde la solitude du pensionnat ou regretté la froideur de sa mère, il n'émet pas le moindre reproche à son encontre ni envers son père. Ses parents semblent totalement intouchables, comme si une aura de respect filial les rendait inaccessibles à toute critique.

Savoir (ou devoir) fermer les yeux

Un tel regard sur les parents ne me surprend pas. En travaillant la question des blessures d'enfance[1], j'ai rencontré un grand nombre de ces adultes douloureux, toujours sous l'emprise de l'éducation qui leur a été inculquée, à jamais rendus incapables de rien reprocher à leurs parents. Quelles qu'aient été les blessures, déceptions ou amertumes dont leur enfance avait été émaillée, ils restaient dans la position infantile de celui qui pare son parent de toutes les vertus, tend la joue pour recevoir gifles et brimades en tout genre, attendant l'affection qui ne vient pas, continuant d'idéaliser adultes ceux qu'ils avaient idéalisés enfants. Interdits de critique, ils sont donc inaccessibles au pardon et traînent ainsi le poids infini de leurs souffrances infantiles et de leurs griefs inassouvis. La soumission des hommes et des femmes au

---

1. M. Vaillant, *Pardonner à ses parents*, Pocket, 2004.

parent qui leur a manqué est donc une constatation désagréable mais fréquente. Régis fait partie de ceux qui restent fidèles à leur bourreau pour peu que celui-ci ait étendu sur lui l'ombre de son emprise à l'âge fragile des identifications, quand l'enfant a tellement besoin d'aimer son parent qu'il s'attache à lui quelles que soient ses insuffisances, voire, hélas, ses cruautés.

Sa fidélité aux figures parentales nous raconte également une autre histoire. Celle d'une époque, d'un mode éducatif et d'une certaine idée de l'homme à travers les relations entre les pères et les fils. Dans ce contexte, qui fut celui des siècles passés, les erreurs du père ont peu d'importance au regard de la mission de reconnaissance respectueuse qui incombe à son fils. Sans jamais juger les éventuelles imperfections de son géniteur, sans même chercher à les reconnaître, le fils se doit de prolonger le père, transmettre le nom qu'il a reçu avec les valeurs spirituelles, morales et matérielles qui l'accompagnent. On se souviendra de Freud[1], rêvant qu'il doit fermer les yeux sur les fautes de son propre père, et du tournant de sa création théorique après la mort de ce dernier. Toute une époque se dessine là, dans la nécessaire loyauté des fils qui ne deviennent des hommes qu'en respectant aveuglément leur père et attendent de leurs enfants la même soumission. Une lignée d'aveuglements masculins pour camoufler les faiblesses des hommes sans donner aux fils le droit à la lucidité.

Or cette forme de fidélité contrainte charge l'héritier d'une mission impossible. Il lui incombe d'endosser sans les examiner les vieilles créances familiales, de rembourser les traites parentales : autrement dit, il se voit prisonnier d'une histoire qui n'est pas la sienne. Pour celui qui hérite, la difficulté est alors de trouver le sens de sa propre existence, de la libérer des hypothèques familiales, de se dégager de ceux qui ont engagé l'avenir de

---

1. S. Freud, *L'Interprétation des rêves.*

leurs enfants bien au-delà du leur. Se joue ici la question de l'héritage psychique – que nul ne peut refuser long-temps – et des questions qu'il soulève – auxquelles nul ne peut se dérober. Le mode exclusivement masculin qui a longtemps noué les transmissions sur le mode patriarcal ne concerne pas que les garçons. C'est la question psychique identitaire majeure qui concerne autant les fils et les filles, les hommes que les femmes.

Le père n'est jamais nu

Régis n'ayant pas eu de papa à qui s'affronter dans la réalité, il lui a fallu s'inventer un père. Comme il n'a connu le sien que dans les propos de sa mère, il se l'est imaginé, l'a forgé avec les matériaux mis à sa disposition. Il le lui fallait grand, à la hauteur du rêve de dynastie familiale. Son cas est celui de bien des garçons dont le père a déserté l'éducation quotidienne, tout en régnant en maître absolu sur la famille. Pendant longtemps, l'absence des hommes dans l'éducation quotidienne ren-dait quasiment impossible la relation directe entre le père et le fils avant la puberté, alors que dominait dans la société l'implacable supériorité masculine. Un tel déca-lage a pu pousser les bambins à s'inventer les héros dont ils avaient besoin pour grandir. Prenant le relais des tra-gédies antiques et des contes populaires, les bandes des-sinées pullulent de superhéros aux superpouvoirs pour remonter le moral des fils qui ne fréquentent pas leur père.

Dans une société qui les estimait à leur réussite profes-sionnelle, leurs prouesses ou leur compte en banque, les hommes se devaient d'être puissants pour être reconnus. Non seulement la masculinité se jaugeait en virilité, mais la paternité elle-même ne s'accommodait que du pouvoir et de la respectabilité. Jadis, celui qui tenait sa place dans le monde n'avait de compte à rendre à personne sur sa vie privée. Une fois passé le seuil de la maison régnait l'espace de non-droit de la vie de famille. Enfants délaissés ou méprisés, femmes humiliées, familles sous la terreur, nul n'aurait osé en juger si le père était un notable, un homme puissant, reconnu, estimé. Les autres, pauvres, ouvriers, malades ou en difficulté, étaient disqualifiés, soupçonnés, jamais présumés innocents. C'est ainsi que le chômeur se trouvait d'emblée stigmatisé comme un père médiocre. C'est ainsi que des hommes se tuèrent à la tâche pour maintenir le niveau social et économique qu'ils avaient reçu de leur père et qu'ils estimaient devoir à leur famille. Sans jamais avoir le temps de faire la connaissance de leurs enfants. C'est ainsi que des garçons entrèrent dans la vie adulte en cherchant parmi leurs pairs les modèles qui leur manquaient.

Régis fait partie de ceux qui n'ont pas à chercher. Ils sont contraints d'honorer leur père, être fidèles à une image qu'ils ne sont pas autorisés à critiquer. La fidélité au père fait partie du patrimoine quasi génétique des gens de sa génération. Pour eux, le père n'est jamais nu. Il est revêtu d'une toge de respect. Le respect lui est dû par nature – il est le mâle dominant –, par culture – le patriarcat –, par dressage éducatif – l'autorité paternelle –, autrement dit par contrainte sociale autant que psychique. Dans le silence des familles, dans le mutisme quasi total qui plombe la relation du père au fils, il ne reste à ce dernier que l'aveuglement et la soumission. Ou la révolte. « Tuer le père », dit-on, tuer le père pour faire comme lui, pour prendre sa place. Le tuer pour maintenir sa pérennité, pour rendre sa place et sa fonction immortelles.

La disparition prématurée du père de Régis en a fait trop tôt une icône, laissant à son fils une mission d'autant plus délicate qu'elle était imprécise : être à la hauteur. Régis ne pouvait se dégager de l'emprise de celui qui ne lui a jamais parlé, pour qui il n'a jamais représenté rien d'autre qu'un héritier, l'espérance de prolonger la lignée, une promesse d'éternité. Un père dont il ne pouvait que faire perdurer l'aura, le message. Un père qu'il honore encore aujourd'hui dans sa morale quotidienne et qui parle en lui lorsqu'il nous évoque sa vision de l'homme.

Les emprises qui dirigent nos vies

Hériter et transmettre

Les hommes qui se définissent par le désir et la liberté déroutent profondément Régis. Il lui semble que chacun veut se libérer des contraintes, or ce sont ces contraintes qui donnent aux hommes comme lui le sentiment d'exister. Il tient à son cadre, car son cadre le tient. La fidélité fait partie intégrante de ce cadre. Comme l'honneur, elle illustre les valeurs qu'il voudrait voir sur tout blason masculin, car elles le définissent, lui ont été léguées et il voudrait les transmettre.

Psychiquement comme matériellement, Régis est un héritier. Un héritier mâle chargé de l'honneur du nom, de sa survivance, de sa transmission. Honorer ainsi le patrimoine paternel avec son patronyme et avec lui toute sa lignée, prendre sa place dans la chaîne généalogique des hommes, des maris et des pères, perpétuer leur mémoire à travers sa descendance. Transmettre un nom et des valeurs qui ne lui appartiennent pas, dont il n'est que le dépositaire, qu'il se doit de faire vivre. Dans ce contexte, la fidélité n'est pas une position optionnelle, elle fait partie de l'héritage moral. Cette conception de la fidélité permet de la sortir de la seule aventure de l'attachement affectif et des attractions pulsionnelles. Cela va nous permettre de tenter de décrypter ses valences autant idéales que surmoïques.

Tout enfant intègre des valeurs qu'il tentera d'incarner

ou d'écarter sa vie durant. Elles peuvent varier selon les époques et la morale sociale ambiante, mais elles sont néanmoins héritées et transmises, par inculcation et par imprégnation, dans tout protocole éducatif familial. Il arrive qu'on les réfute, qu'on s'en détourne, qu'on veuille en acquérir de nouvelles, plus conformes à l'époque ou à ses propres choix de vie. Mais les valeurs reçues vivent en nous et subissent les transformations psychiques de tout héritage. Il nous faut les connaître, les porter et les métaboliser pour les faire nôtres, les accepter ou les rejeter. Comme Freud[1] le retient de Goethe, ce que l'on hérite de ses pères, on doit l'acquérir pour le posséder. Le travailler pour savoir ce qu'on en garde et le faire sien.

Laisser son héritage en jachère ne permet pas d'en vivre. La passivité transforme tout legs en poison. Or, en plus de la mémoire de son père, de son nom et de son usine, Régis a reçu des valeurs – dont la fidélité – qui ne sont pas obsolètes pour peu qu'on sache les animer. Nombreux sont les hommes et les femmes qu'on sait fiables et loyaux, qui assument leurs responsabilités et tiennent parole et engagements sans donner l'impression d'être des chevaliers en armure ou des mafieux liés par un code d'honneur. On peut vivre en paix avec son héritage surmoïque, le faire sien. Or celui de Régis semble l'écraser. Son drame, c'est qu'il n'a personne à qui transmettre ce dont il est investi. Il ne peut rien léguer. Ni son nom, ni son usine, ni ses valeurs. Il n'a vécu que pour faire vivre l'héritage de son père et se voit incapable de le léguer. Il n'a vécu que pour faire vivre son père et se voit dépossédé de ses enfants.

---

1. S. Freud, *Totem et Tabou.*

Seules les racines donnent des ailes

Isabelle faisait de la maternité l'idéal de toute fillette, de toute jeune fille, de toute femelle, et n'entendait même pas qu'on castre les chattes. C'était une femme de principes qui avait la maternité comme unique raison d'être. La vie avait pour elle une importance divine. Pas question de parler de contraception, encore moins d'avortement. Ni même d'avoir avec son mari des relations sexuelles qui n'auraient de visées procréatives. Une intégriste. Après avoir enfanté un fils et écarté de son lit le géniteur devenu inutile, la sainte femme a échoué durement dans son projet de dresser sa fille indocile. Elle s'est consolée tant que lui restait le petit messie adoré, qui comblait tous ses vœux jusqu'à ce qu'il se sauve et qu'elle en meure.

Cette histoire ne peut étonner ceux qui connaissent certaines de ces femmes à qui les enfants donnent vie et qui n'ont d'identité que maternelle. Son union avec Régis nous éclaire sur le mariage de deux idéaux sacrés, de deux héritiers captifs. Elle voulait être mère, il devait transmettre son nom. Sur un pacte névrotique non dit – comme beaucoup de couples –, ils ont construit l'édifice qui représentait bien plus que leur existence : réaliser le désir inconscient qui les animait, accomplir leur destin, autrement dit satisfaire la force inconsciente intergénérationnelle qui les habitait et les traversait.

Le but d'Isabelle étant d'atteindre le nirvana des mères et celui de Régis de transmettre le nom de son père, on comprend que les avis médicaux aient eu bien peu de poids face à l'urgence de leur mission. Ces deux-là se devaient de procréer pour honorer leur dette de vie. Soumis à la même sorte d'injonction, ils avaient formé le couple indissociable que seule la mort pouvait séparer. Et la mort fit son œuvre. L'horizon d'Isabelle se referma lorsque son fils la quitta, mettant en acte une séparation dont elle ne voulait pas en réalisant une union qu'elle ne pouvait accepter.

À Régis comme à elle, le sort fut cruel. Leurs enfants ne reprirent pas le flambeau familial. Ils n'eurent pas d'enfants. Choisissant l'un et l'autre une autre voie que celle de la procréation, ils n'honorèrent pas la dette de leur père, ne réalisèrent pas l'idéal surmoïque qui avait soudé le couple de leurs parents. Quelque chose les en empêcha ou les en libéra. Ce que j'ignore. Ils furent peut-être interdits de descendance comme leurs parents y avaient été contraints. Par des forces obscures, inconscientes, de celles qui se prolongent, génération après génération, et constituent les vraies malédictions familiales.

En effet, lorsque les messages du passé sont trop aliénants, plutôt que de vouloir à tout prix leur être fidèle, il serait sage de chercher à s'en dégager. Déchiffrer leur message, saisir sa force d'emprise, en démêler les origines, la vider de son contenu mortifère. N'est-ce pas ce qu'offre la cure analytique ? Reconnaître la force du passé et en faire un appui pour pouvoir s'en libérer. Car, certes, seules les racines donnent des ailes, mais à condition de pouvoir s'en détacher.

L'incontestable pouvoir des emmerdeuses

Pour mieux comprendre l'aliénation de Régis, nous allons évoquer Tristan, un de ses amis, comme lui viscéralement fidèle.

Malgré son intelligence de matheux et sa petite gueule d'ange, ce jeune chercheur subit l'emprise d'une emmerdeuse qu'il adore et qui le lui fait chèrement payer. Jamais il n'a trompé Paola, jamais il ne lui a menti. Et on ne peut pas dire qu'elle soit sensible à cette fidélité aveugle et aimante. Non, elle ne cesse de geindre et de critiquer son doux mari. Non seulement elle lui rend la vie impossible, mais ses effets de jupon ne cessent de causer des tensions dans leur petit réseau d'amis. Une « nympho » selon les plus tendres, une « hystéro » pour les savants, une « mégère » selon tous les autres.

Elle le maltraite et se joue de lui, l'agresse en se moquant, le critique devant ses amis, qu'elle ne cesse de draguer, devant lui également. Une teigne. Difficile pour les amis de Tristan d'aimer cette insatisfaite agressive, mécontente de sa vie d'épouse, ressassant infiniment la kyrielle de griefs qu'elle thésaurise sur le compte de son mari. Une femme comme on ne la souhaite à personne, même à son pire ennemi. Autrement dit, la pire femme qui soit pour un ami.

Régis est le seul à ne pas condamner Paola, peut-être parce qu'il se reconnaît dans le drame de son triste ami. Isabelle la sage et Paola l'emmerdeuse auraient-elles des points communs ? La soumission passive et mystique de l'une rejoint-elle la quérulence teigneuse et exaltée de l'autre ?

En fait, Isabelle et Paola font partie de ces femmes qui rendent la vie de leur homme impossible. Et réciproquement. Leur couple fonctionne sur un classique et cruel rapport de force, chacun pénétrant profondément dans les failles de l'autre jusqu'à les faire éclater. Ainsi, les deux dames que tout semble distinguer ont réussi le même exploit : imposer leur manière de concevoir le mariage à un homme que son histoire rendait captif. Plus encore, elles ont raboté le pouvoir de celui qu'elles avaient choisi pour époux. En divinisant la maternité, Isabelle donne à l'homme la descendance dont elle le prive en le séparant d'emblée de ses enfants. En l'humiliant en public et en le trompant, Paola met en scène la virilité de son mari qu'elle attaque pour s'en emparer.

Autrement dit, viragos ou saintes femmes, certaines épouses s'en prennent visiblement aux signes et insignes de l'identité masculine. L'ambition de l'un, la virilité ou la descendance des autres. Elles visent le cœur de l'homme.

Défont les atomes de son noyau, dispersent son énergie. Ce sont des femmes à fuir, ou à quitter. Ce que ne font pas tous les hommes, loin de là. Il semblerait même qu'un sérieux tropisme retienne les captifs auprès de ces douteuses sirènes.

Des proies de choix

Certains hommes semblent se laisser rogner les ailes sans beaucoup se défendre. Il ne fallut que quelques années de mariage à Paola pour dénicher, ridiculiser et exhiber la moindre des petites faiblesses de Tristan. Sous son règne, le rêveur qui vivait dans un monde sensible que seules les mathématiques illuminaient de leur clarté sereine s'est transformé en un mari piteux, impuissant et velléitaire. On aurait dit qu'elle avait besoin de ses faiblesses pour se sentir forte, de ses défaillances pour réussir et de le rabaisser pour mieux briller. Comme s'il lui fallait diminuer la virilité de son homme pour exalter sa propre féminité.

Isabelle donne l'impression d'avoir réussi la même prouesse avec Régis. Le choisir pour fonder une famille, faire de lui un géniteur et lui interdire de devenir un père, allant même jusqu'à le priver de ses enfants. Elle avait besoin d'un mari pour accomplir sa transformation de jeune fille nubile et inutile en épouse et mère, accédant ainsi au panthéon de ses rêves, comme Paola avait besoin d'un mari pour faire de lui un cocu et renforcer ainsi sa réputation de femme fatale. Pour l'une et pour l'autre, l'homme n'était que le moyen privilégié et obligatoire pour arriver à leurs fins. Pour accomplir leur destin. Une forme de domination que ne dédaigneraient pas les machos. Rien de plus viril, n'est-ce pas, que de soumettre l'autre en le rendant vulnérable. Un pouvoir des mères et des emmerdeuses qui n'a rien à envier à celui des mâles, si ce n'est l'ignorance dans laquelle on veut le tenir.

Notons toutefois ici qu'Isabelle et Paola ne sont pas des « tueuses » ordinaires. Elles s'en prennent à ce qui fait de leur mari un homme : la mission générationnelle de l'un, la virilité discrète de l'autre. Et obtiennent de lui une totale collaboration, le rendant complice de leurs exactions.

Ce que je sais de l'histoire de Régis me permet de comprendre sa totale participation aux fins néfastes de son épouse. Il semble avoir établi avec elle le genre de pacte qui rend fou. Prolongeant le contrat qui le ligotait à ses ancêtres, il a signé de son sang une clause dont il ne pouvait sortir gagnant. En lui faisant miroiter l'immortalité qu'il croyait devoir à ses pères – par la procréation et la génération –, Isabelle a fait de lui un gardien de musée.

Perversité et crédulité savent se trouver. Ce qui ne peut nous surprendre car nous savons avec quel flair ceux qui veulent les détruire détectent leurs proies. Et les trouvent facilement chez des hommes que leur histoire a rendus captifs. Car l'emprise vient bien du fait qu'on s'y soumet. Et nul ne s'offre mieux que celui qui a reçu en héritage l'injonction de se plier aux valeurs qui font de lui un homme.

Ainsi peut-on comprendre que, ses enfants ne lui faisant pas l'honneur d'être grand-père, Régis consacre son énergie à la mémoire de sa famille et à celle de son épouse. Comme cette dernière eut le bon goût de disparaître, il ne lui a pas été difficile de lui rester fidèle, pour se rester fidèle à lui-même. Immobile et digne dans son arbre généalogique comme le tableau d'un ancêtre sur le mur.

De bons clients

Cédric, lui non plus, n'a jamais trompé sa femme. Il ne pourrait envisager sans rougir de lui-même d'avoir des liaisons. Respecter sa parole lui semble la moindre des exigences et il ne se voit pas s'y dérober. Sa compagne et lui ne sont pas mariés, mais envisagent de le faire et d'avoir des enfants. Pour cela, ils attendent de pouvoir acquérir l'appartement qui leur convient. Dans un des bons quartiers de Paris. Ce qui ne saurait tarder, ils ont quelque chose en vue.

Architecte de formation, Cédric a obtenu, à trente ans à peine, un poste envié dans une grosse entreprise industrielle. Comme son boulot l'amène à de fréquents déplacements dans des capitales étrangères, il passe beaucoup de temps en avion, dans les aéroports et dans des hôtels de classe internationale. Avocate, Alise s'investit énormément elle aussi dans son travail. Ils sont souvent séparés, mais entre eux le pacte est clair : leur union est une affaire sérieuse, un projet solide que ni l'un ni l'autre ne doit mettre en péril pour des raisons aussi superficielles que des coucheries ou des amourettes. Ils se sont donc engagés à la fidélité. Et tiennent l'un et l'autre leur promesse.

Pendant longtemps, pour Cédric, c'était sur le mode de la chasteté. Il ne lui était pas difficile d'attendre de retrouver Alise. Mais depuis un an, il s'est mis à avoir recours aux services de call-girls, de prostituées de luxe. Il trouve fort pratique de faire appel à ce room service de bonne qualité que les portiers mettent à sa disposition. Cela lui permet de se détendre. Et comme il n'a jamais envisagé le moindre échange affectif ni même la moindre confidence avec les jeunes dames en question, il considère que sa fidélité est intacte. Pour lui, le fait de payer – de bien payer, même – les services sexuels dont il a besoin pour avoir l'esprit libre et pouvoir ainsi bien travailler n'a rien à voir avec le projet conjugal qu'il construit avec Alise. C'est comme faire du sport, se faire masser. Deux pratiques dont il use également. Chercher à éliminer la sueur et le stress, parvenir par une bonne fatigue à un bon sommeil réparateur. Il n'envisage jamais de revoir l'une ou l'autre de ses compagnes d'une heure ou d'une nuit, dont il ne connaît pas le nom et ne retient pas le surnom. Il ne les méprise pas, mais elles ne l'intéressent pas. Autrement dit, c'est un bon client, un client facile. C'est aussi un homme profondément et fondamentalement fidèle à sa femme.

Tout est clair donc. Cédric est de ceux qui clivent nettement le domaine du couple – partage d'érotisme, de sentiments et de projets –, et celui de l'hygiène – exercice solitaire purement physique, sexuel ou pas. Pourquoi en parler alors ? Il ne fait pas partie des fidèles pathologiques dont je me fais la porte-parole. Il n'a rien à faire dans une analyse des emprises et des soumissions psychiques qui mènent aux engagements aveugles. D'ailleurs, est-il vraiment fidèle ? Il en est persuadé.

« Alise sait qu'il m'arrive de payer une hôtesse. Elle sait que cela ne nuit pas à notre relation, qui est sérieuse, fortement engagée sur un projet d'avenir solide. Nous avons tous deux souffert de la mésentente de nos parents respectifs et voulons absolument réussir notre couple. Ses parents ont divorcé quand elle avait six ans et elle a vécu tantôt chez son père, tantôt chez sa mère. Une instabilité qui l'a marquée et qu'elle craint plus que tout. Chez moi, c'était l'amour et la guerre. Mes parents s'aimaient passionnément, mais ne pouvaient pas s'entendre. Leurs scènes me déchirent encore les oreilles. J'ai fui la maison dès que je l'ai pu, ce n'était pas tenable. Mon père est mort l'an passé. Et m'est revenu alors ce que ma mère me disait de lui. C'était un obsédé sexuel. Un grand malade. Il ne pouvait rester une seule demi-journée sans faire l'amour. Ma mère en devenait folle, cette frénésie sexuelle la dépassait largement. Aussi tolérait-elle qu'il aille consommer ailleurs, à condition qu'il ne lui crée pas d'ennuis dans le voisinage et qu'il n'entretienne pas de liaison stable. D'ailleurs, il n'avait rien d'un mari adultère. Il aurait préféré que ma mère soit plus disponible. Je crois qu'avec l'âge, il était devenu un client régulier des prostituées. »

Même en évoquant le houleux mariage de ses parents, Cédric ne fait aucun lien entre son père et lui. Comme ce qu'il met en avant, l'addiction sexuelle de son père, ne le concerne pas, il ne fait aucun rapprochement. Il n'a même pas repéré qu'il voit lui-même des prostituées depuis un an, depuis la mort de son père.

Ce genre de cécité n'a rien de bien étonnant. Nous sommes tous aux prises avec de grands aveuglements psychiques. C'est d'ailleurs un des jeux préférés de l'inconscient : nous pousser à dire, faire ou penser sans qu'on devine les forces qui nous y conduisent. La surprise de ce témoignage vient de son magnifique paradoxe : Cédric pratique une forme d'infidélité conjugale qu'il ne reconnaît point comme telle, par fidélité filiale – elle aussi déniée. Certes, mes commentaires ne lui plaisent pas. Il les réfute totalement. Il n'admet pas qu'on puisse dire qu'il trompe sa femme ou reproduise ce que faisait son père. Aussi ne puis-je que proposer cette interprétation, sans l'imposer. Ce qui m'intéresse ici, c'est de voir comment même l'homme qui se veut fidèle et sérieux peut distordre sa perception de la réalité, y compris la plus charnelle, pour réussir le pari difficile d'être conforme à son idéal.

Ce que disent les femmes

Un homme tranquille

« Mon mari est un homme tranquille et pourtant notre couple a traversé une telle crise que j'ai failli le quitter, persuadée qu'il me trompait. Il a toujours été un bon mari, mais un père totalement transparent. Je ne m'en suis pas plainte quand les enfants étaient petits car il était plus facile de tout gérer seule. Quand l'aîné a commencé à ruer dans les brancards, à me piquer des sous, puis à chaparder chez les voisins, et à se faire prendre sur une mobylette volée, j'ai demandé à Léon d'intervenir. Ce gamin-là avait besoin d'autorité, disait l'éducateur. Pas facile avec un père qui n'était jamais là ! J'ai harcelé mon mari pour qu'il parle à son fils et le remette dans le droit chemin, mais impossible. Il était bloqué, s'est refermé sur lui-même, pas un mot, pas un commentaire. Un mur. Il semblait se désintéresser de nous. C'est à cette période qu'il s'est mis à rentrer très tard. À partir sans dire où il allait. J'ai pensé qu'il avait une maîtresse. Cela m'a semblé curieux, car c'est un homme profondément fidèle et plutôt casanier. À part ses parties de pêche dominicales, il n'aimait rien. Ne s'intéressait à rien. Au lit, nous nous retrouvions pour un petit rituel assez sympa, le samedi soir après un bon repas. J'aimais bien. Cela s'est répété sans variations jusqu'à ce qu'une grippe me cloue au lit avec une grosse fièvre. Par courtoisie, et pour pouvoir dormir tant je toussais, Léon s'est installé dans la chambre d'amis et y est resté après que je m'étais remise. On n'en a pas parlé. Je ne lui ai pas proposé de revenir dans notre lit, il ne l'a pas demandé non plus. Cela m'a confirmé qu'il voyait quelqu'un en douce.

J'ai découvert très tard la vraie raison de ses absences. Les troubles de son fils l'avaient tant inquiété qu'il avait demandé à consulter son dossier à l'Aide sociale, et avait recherché ses parents de naissance. Je savais bien que Léon avait été adopté mais il n'avait jamais évoqué l'abandon qui le faisait souffrir. Quand je lui ai fait part de mes doutes sur sa fidélité, il m'a regardée avec horreur. Comme si c'était moi qui l'avais trompé avec mes soupçons ! »

Il est évident que l'infidélité du mari n'est pas la cause unique du lent naufrage de bien des couples. Il est d'autres ingrédients dans la potion toxique qui empoisonne certaines unions. L'un d'eux est le silence et l'incapacité d'échanger sur ce qui mine. Pour Léon, avant que d'être un mari et pour être un père, se posait une question qu'il a dû tenter d'affronter, sa question de fils. Comme le maillage singulier qui fait de lui un homme se nouait sur une incertitude, c'est en s'interrogeant sur ses racines qu'il a tenté de prendre une place et de tenir un rôle qu'il n'avait encore pu assumer. On comprend que sa femme ait mal interprété son silence et son absence de réaction lorsque leur fils, avec l'intuition qu'on reconnaît à l'inconscient de bien des adolescents, a réussi à mettre en acte un mal de vivre qui les concernait tous trois en tant que famille.

Le long cours de l'homme lent

« Ludovic et moi, nous sommes collègues de bureau. Au début, je l'ai remarqué parce qu'il était la première personne que je rencontrais le matin et parfois la dernière avec qui je parlais le soir. Comme moi, il ne semblait pas pressé de quitter le bureau, il disait qu'en partant un peu plus tard, il y aurait moins de monde dans le RER, qu'il aimait que tout soit net avant de quitter les lieux, qu'il avait besoin de décompresser avant de s'en aller… Moi, c'était pareil. Sauf que je savais que ce n'étaient pas les vraies raisons. En fait, je n'avais pas envie de me retrouver toute seule à la maison pour plusieurs jours d'affilée. Des temps morts. Alors, j'ai invité Ludovic à venir prendre un verre, au bar du coin. Il a accepté. Ç'a été un moment charmant. Il avait de l'éducation, de la conversation, il était cultivé et adorait le jazz. Comme moi. Il a parlé de m'inviter chez lui pour me faire écouter ses disques.

Le jour prévu pour notre petit rendez-vous chez lui, je me suis fait un brushing, j'avais acheté une culotte en soie rouge et le soutien-gorge assorti et j'ai inauguré le parfum que je m'étais offert à Noël. J'étais à mon avantage. Je sais que je n'ai plus vingt ans, mais je suis encore fraîche, et quand j'ai le moral, je suis plutôt agréable à regarder. Rien ne s'est passé comme je l'avais rêvé. En fait, le cher homme a passé la soirée à me parler de sa femme, partie quelques mois auparavant, et qu'il n'arrivait pas à oublier. Des photos d'elle trônaient partout. De quoi redonner confiance à la plus complexée, tant elle avait le visage austère, rictus amer aux lèvres, petits yeux cruels, nez pointu. Je me suis donc persuadée assez facilement que l'affaire n'était pas perdue. D'autant que Ludovic, en dehors du bureau, s'avérait un homme tout à fait agréable. Nous avons écouté du jazz en buvant du cognac et il m'a appelé un taxi pour que je rentre chez moi sans encombre. C'était il y a six mois. Tout n'est peut-être pas perdu, étant donné le temps qu'il faut à Ludovic pour digérer le moindre événement affectif. Il est lent, me dit-il, lent à aimer, lent à désaimer. Pour l'instant, il reste fidèle à sa femme. »

On pourrait multiplier les exemples, certains hommes ne s'attachent ni ne se détachent facilement. Leur fidélité tient au long temps de latence qui accompagne leurs relations affectives. On peut donc dire que cette fidélité par inertie est quasiment assurée. Une forme de fidélité monogame qui ne saurait satisfaire longtemps une femme éprise d'échange et de partage, mais qui peut rendre le quotidien paisible à celles qui ont besoin de calme amoureux, quelles qu'en soient les raisons. Car tout lourds, longs et lents qu'ils soient, certains hommes sont absolument fidèles à leur femme. Ils ne sauraient faire autrement.

Les fidélités ennuyeuses

Qui se plaindrait d'avoir un mari fidèle ? La fidélité, comme la mariée, n'est jamais trop belle ! Un homme fidèle, c'est une perle rare, un bijou précieux, un cadeau du ciel. Or nous avons découvert avec Régis qu'il est des fidélités structurelles, plus proches d'une loyauté familiale surmoïque et rigide que d'un profond engagement amoureux. En témoignent toutes celles qui ont osé quitter ces maris parfaits.

Élodie a bravé les conventions sociales et morales de son milieu, très catholique, en délaissant un homme intègre et estimé de tous. Ses cinq enfants élevés, à l'âge où les hormones font rougir les plus sages, elle partit avec Julien, un gentil troubadour celte, joueur de cornemuse et conteur. Quitter la maison de maître qui dominait le bourg, où Maurice, son époux, exerçait son office de notaire, pour vivre avec son amant la précarité des intermittents du spectacle, fut le plus grand voyage qu'elle ait jamais entrepris. Un voyage sans retour.

À son époux, notaire, conseiller municipal, joueur d'échecs et amateur de mots croisés, elle n'avait rien à reprocher. L'homme était irréprochable. Élodie sait qu'il n'y aura pas d'autres femmes dans la vie de Maurice. Le connaissant depuis le catéchisme, et après quarante ans de vie commune, elle sait qu'il aura la dignité d'un veuf et qu'il lui sera fidèle jusqu'à la mort. Elle sait aussi que cette fidélité lui sera facile et réconfortante.

L'excès de fidélité tuerait donc le couple comme l'excès d'infidélité ? C'est ce que pense Joséphine, qui témoigne dans son langage assez cru : « J'aurais tant aimé qu'il aille voir ailleurs ! Mais non, il était trop paresseux. Alors, qui est-ce qui a dû se le coltiner tous les soirs ? Se farcir tous les soirs le même grand corps ahanant ? C'est moi ! Les femmes qui se plaignent que leur mari aille courir la gueuse, elles ne réalisent pas la chance qu'elles ont. Pendant ce temps-là, au moins, elles peuvent dormir tranquilles. »

Le romantisme dont nous fait part Joséphine n'a d'égal que son appétit sexuel. Elle nous rappelle toutefois que tous les couples ne gardent pas un tempo amoureux très soutenu et que la question de la fidélité n'est pas au centre de toutes les unions. Encore que nul ne sait comment réagirait la bonne Joséphine si elle apprenait que son mari la trompe...

Les fidélités pathologiques

Charlotte parle de son mari avec une sorte de rage contenue, le genre de ressentiment que les femmes trahies manifestent souvent, longtemps après la séparation qui les a cassées. Or Charlotte n'a jamais été trompée. C'est elle qui a quitté Franz. Et il était fidèle. Soigneusement fidèle. Violemment fidèle. Jaloux, possessif, brutal, il vouait à sa femme un vrai culte. Elle en était flattée au début de leur mariage, puis gênée d'être toujours surveillée, puis blessée de se voir continuellement suspectée. Car Franz est un de ces jaloux pathologiques qui ne vit que pour sa jalousie, que la jalousie hante comme une obsession, au point de tout détruire, l'autre, le couple, l'amour.

Les premiers temps furent idylliques. Une passion romantique. Promenades au clair de lune. Serments dans une chapelle. Étreintes sauvages dans les ascenseurs et les lieux publics. Ils se jurèrent de toujours s'aimer, de ne jamais se quitter. L'idée de se tromper ne leur venant même pas à l'esprit. Amour fou, total. Ils vivaient la main dans la main. Les âmes toujours connectées. Textos et messages toutes les heures lorsqu'ils étaient séparés. Le soir, joyeusement, Charlotte lui racontait ses activités et s'amusait de la précision de ses questions : horaires, lieux, personnes concernées... Comme cela le chagrinait, elle prit l'habitude de ne jamais déjeuner ou sortir sans lui, ne jamais accepter la moindre invitation sans lui, ne jamais rien faire sans lui. Comme il scrutait son visage pour y lire d'éventuelles émotions suspectes, elle marchait dans la rue les yeux baissés. Le soir, elle devait subir une inspection minutieuse de ses vêtements, foulard et accessoires, où il cherchait des traces suspectes. La passion qu'il avait pour elle a fini par faire de leur vie un enfer. Il ne la lâchait plus.

Le problème fut de quitter ce mari trop suspicieux avec qui la vie était impossible, mais qu'elle aimait toujours. Charlotte y réussit grâce à la procédure judiciaire du divorce par tort et à quelques témoignages bien venus. Bien venus également les attestations et certificats médicaux qu'elle avait eu la sagesse de faire faire au bon moment. Car Franz dans son emportement se mit à avoir la main leste et il la marqua plusieurs fois au visage. Elle obtint le divorce et quitta la région.

Son amour pour lui est resté longtemps vif, mais elle sait que la vie avec lui n'aurait jamais été possible. Trop blessé par une enfance chaotique, une mère instable et un père violent, il était impuissant à contenir sa rage et sa méfiance. Il la persécutait parce qu'il l'aimait et que cet amour était trop fort pour lui. Il pourchassait en elle l'image d'une femme dont elle ignorait l'existence, dont il n'avait pas conscience d'être habité.

Pour banal qu'il puisse paraître après les subtilités des loyautés vassales, filiales ou morales, cet exemple de fidélité pathologique, bien plus courante, bien plus violente, nous permet de rendre à jamais impossible l'idée simpliste que l'infidélité seule aurait une histoire et des fondements psychiques. Et qu'elle seule pourrait faire souffrir.

Celui qui ne sait se désengager : le monogame fidèle

Des hommes aliénés ?

Il est donc possible que certains hommes soient fidèles à leurs femmes comme ils le sont à leurs idées. Par imprégnation surmoïque, les uns ont intégré des valeurs parentales, paternelles surtout. Une forme de soumission assez masculine aux injonctions éthiques que l'identification au père peut imposer. D'autres sont sous le joug d'une obsession. Dans tous les cas, ils sont dans l'incapacité à se séparer, enfermés dans la dépendance affective qui fait d'eux autant des geôliers que des prisonniers.

Malgré son aridité, l'idée d'une fidélité masculine d'emprise demande qu'on s'y attarde. Elle nous écarte définitivement de l'hypothèse classique reliant la fidélité aux sentiments amoureux. Nous sommes dans le domaine des contraintes, des injonctions, des inhibitions, des addictions. Dans les méandres de l'aliénation.

Qu'ils soient confrontés à des injonctions paternelles et surmoïques, à l'enfer de l'addiction passionnelle ou jalouse, à la mainmise d'une épouse castratrice – sachant que les origines inconscientes de nos douleurs ont souvent plusieurs racines –, il semblerait qu'une même inertie retienne captifs ceux qui y sont soumis. Ils ne peuvent ni s'en libérer ni en modifier l'agencement. Comme dans certaines loyautés politiques ou mafieuses, le lien d'asservissement ne se négocie pas, on ne s'en libère pas. Il est des dettes qui ne s'effacent jamais, des allégeances intimes impossibles à rompre.

La comparaison peut paraître osée car il semble plus aisé de prendre de la distance par rapport à une épouse pernicieuse que de se dégager de l'emprise d'un gang, de dettes politiques, d'une histoire générationnelle toxique ou d'une compulsion destructrice. Or les dames dominantes et castratrices sont souvent de celles qu'on ne quitte pas. Les vraies « casse-couilles » ne sont pas celles qu'on croit. Ce ne sont pas celles dont les hommes se plaignent. Bien au contraire. La loyauté contrainte qu'elles savent générer rend leurs proies tout à fait dociles. Les hommes soumis ne se révoltent pas contre l'assujettissement qui les tient, leur consentement douloureux est d'ailleurs à la base de la relation d'interdépendance qui les lie à leur bourreau. Ils ne peuvent ni ne veulent se séparer de celle qui a autant besoin de les voir soumis que d'avoir à les soumettre. Répétant à leur insu un pacte toxique datant probablement de leurs jeunes années, ils se laissent rogner sans broncher. Même infiniment malheureux, ces prisonniers consentants ne cherchent pas à fuir. Et, de toute bonne foi, trouvent des arguments pour justifier leur dépendance.

De quoi est donc faite cette aliénation ? D'amour probablement. De besoin d'amour. À première vue, cette fidélité d'emprise semble peu compatible avec le sentiment amoureux – sa chaleur, son éclat, sa force rayonnante – tel que le conçoivent et l'espèrent les couples épris. Or, y compris dans ses développements mafieux ou vassaux, le phénomène de fidélité d'assujettissement parle de liens, d'attachements et de dépendance, des notions qui concernent directement l'amour. De quel amour peut-il donc être question ? L'amour sans la romance, l'amour de base, l'amour premier, l'amour princeps. Celui qui est nécessaire au bébé pour devenir un être humain, l'attachement infantile premier, aveugle et sourd, nécessaire, inévitable, inconscient et consentant.

Il n'est pas d'amour libre

Pour comprendre la dépendance – y compris dans les relations conjugales –, il nous faut revenir au début de notre existence. Le pédiatre et psychanalyste D. W. Winnicott[1] a le premier souligné que l'enfant se construit sur une dépendance initiale et totale aux adultes nourriciers qui veillent sur lui. Dès la grossesse et pendant ses premières années, il est livré à la supposée bienveillante protection de ses parents. Leurs bons soins et leur tendresse le mènent de la dépendance absolue (celle de l'extrême fragilité, des besoins, de la nécessité) à la dépendance relative (celle des attachements, des affections, des choix amoureux, des engagements), elle-même aboutissant à l'indépendance relative (celle des orientations éthiques, des désengagements, des décisions majeures et du libre arbitre). Sa propre maturation s'harmonisant avec la capacité de l'amour parental à évoluer – en s'adaptant et se désadaptant progressivement –, l'enfant va aller de la dépendance absolue à l'indépendance. Une fois adulte, la dépendance relative sera son quotidien, avec des risques de dépendance absolue et des aspirations à l'indépendance absolue. Le relatif est le quotidien de la bonne santé psychique.

Cet itinéraire se nuance en fonction de l'histoire de chacun et prend la couleur des délaissements et autres blessures familiales. Chacun se construit avec des manques, des désirs et des angoisses, en fonction de ce que ses parents projettent sur lui et surtout de leur capacité à l'aimer « bien ». Aimer « bien » un enfant ! Une notion difficile à cerner car la « bien aimance » n'est pas un concept classique. C'est l'art d'aimer librement une personne libre. Autrement dit, un art assez incompatible avec les

---

1. D. W. Winnicott, *De la pédiatrie à la psychanalyse*.

relations d'interdépendance qui alimentent la vie familiale.

Toujours selon Winnicott[1], aimer bien son enfant, c'est éviter les excès que les captations d'amour peuvent provoquer. On peut dire que c'est l'aimer suffisamment pour qu'il puisse aimer ailleurs, l'aimer suffisamment pour le laisser partir. L'aimer librement peut-être. Une tâche bien difficile. Car l'amour lie. Il lie par les sentiments – par ce qu'il donne et aussi par ce qu'il ne donne pas –, mais aussi par les illusions qu'il génère. L'amour parental est aussi aveugle et sourd que l'est l'attachement primaire du bébé à ceux qui s'occupent de lui. Ce sont des amours de nécessité, des amours de dépendance. Ainsi, pas plus qu'il n'est lucide, l'amour n'est libre. Surtout en famille, surtout dans le premier maillage qui crée et construit l'histoire de chacun. Toutes les amours portent la marque des liens premiers, c'est pourquoi trop d'amours tuent. L'amour ne connaît pas la bonne distance. Dans l'amour familial initial et dans les amours sentimentales qui suivent, trop d'amour nuit et le manque d'amour détruit.

Plus l'enfance a creusé de failles, plus il est difficile de s'en libérer pour s'ouvrir à l'avenir. Pour s'en convaincre, il suffit de voir l'emprise affective qui ligote l'enfant mal aimé à son parent mal aimant. Il porte son mal d'amour toute sa vie. Les mécanismes de défense qu'il tente de mettre en place pour pallier ses carences deviennent parfois de véritables handicaps pour lui comme pour ceux à qui il s'attache. C'est ainsi que certains comportements amoureux, rigides ou répétitifs, peuvent témoigner d'une véritable paralysie ou distorsion de la capacité à aimer. Des éléments de l'attachement infantile vorace et docile du début de la vie peuvent se transposer tout au long de l'existence et colorer vivement les autres amours, y compris conjugales.

---

1. D. W. Winnicott, *Processus de maturation chez l'enfant*.

C'est pourquoi, à l'instar du jaloux morbide, du violent possessif ou du trop sage fils de ses pères, pour ne reprendre que quelques-unes des figures que nous avons évoquées ici, certains hommes éprouvent et manifestent des sentiments plus aliénés et aliénants qu'amoureux. Car leur vie est toujours soumise au joug du passé. Empêtrés dans les séquelles de leurs premières amours, ils n'ont pas assez de liberté intime pour que la question de la fidélité se pose vraiment pour eux au présent.

Les fidélités successives

Or le passé ne fait pas l'homme. En matière de fidélité, comme dans bien d'autres domaines, l'enfance oriente, marque, déforme, mais ne détermine personne. Nous ne pouvons donc restreindre notre étude des fidélités amoureuses masculines aux liens psychiques impossibles à dénouer. En effet, nous connaissons tous des fidèles heureux. Il est des hommes chez qui l'espérance de fidélité – comme on parle d'espérance de vie – s'accorde parfaitement à celle de leurs femmes. Ils savent tourner la page et ne restent pas prisonniers de leurs vieilles histoires.

Certains sont tout simplement fort chanceux. Leur compagne les quitte au bon moment. Les libérant de leur parole, les poussant dehors même parfois. Ainsi sont-ils nombreux, les hommes foncièrement fidèles qui ont plusieurs amours dans le parcours de leur existence sans que cela ne pose de drames insurmontables à leur nature loyale et attachante et qui peuvent se séparer malgré leur difficulté réelle à se désengager, à se dégager. Ces chanceux peuvent vivre des fidélités successives sans rester entravés dans des amours mortes.

En effet, dans le long cours d'une existence, nous sommes amenés à aimer plusieurs fois ; à plusieurs reprises nous fondons des unions, des familles. Nous pouvons même rencontrer plusieurs fois le grand amour. Rares sont les couples juvéniles qui durent jusqu'à la mort. L'amour est une denrée périssable. Les unions naissent, vivent et meurent. Et l'amour renaît, il refleurit ailleurs. Nous recommençons à aimer. Dans le meilleur des cas, la première expérience nous a appris quelque chose sur nous-mêmes et nous ne renouvelons pas les mêmes erreurs. Mais pas toujours.

Pedro est de ceux-là. Il peut sans rougir annoncer avoir été trois fois monogame et fidèle dans sa vie d'homme amoureux. Jamais il n'a trompé sa femme, jamais il n'a quitté une femme. Son premier divorce a été houleux, sa dernière séparation tout à fait paisible. Depuis la quérulente procédure qui l'a mené au tribunal, à travers deux années de conflits armés et d'avocats belliqueux, il a pris soin de ne jamais se mettre en situation de revivre l'invivable. Et il a eu de la chance. Ni lui ni ses compagnes n'ont cherché à prolonger leur union lorsqu'elle s'est délitée. Et comme il n'a pas eu d'enfant, les séparations se sont faites, si ce n'est en bonne intelligence, du moins sans démêlés hargneux.

« Je n'ai quitté personne, mais je n'aurais jamais su le faire. Je ne suis pas fait pour les drames. Heureusement, on s'est chaque fois séparés avant que la question devienne urgente pour moi. Je n'ai même pas eu à en prendre l'initiative. Mon premier mariage et mon divorce sanglant m'ont immunisé contre les risques et les méfaits des séparations violentes pour cause de rupture unilatérale du contrat. J'ai donc été prudent et loyal. Je suis toujours resté fidèle. Nous nous sommes attachés et détachés de concert. La question de l'engagement ne s'est même pas posée. Nous étions en phase. Jamais mon désir et ma parole ne se sont trouvés diverger de manière dramatique. »

Comme Josh, Pedro se dit de nature fidèle et plutôt long dans ses évolutions affectives. C'est un homme qui se détache moins vite qu'il ne s'attache, mais qui a réussi à faire coïncider son besoin de changement amoureux avec celui de ses compagnes. Fidèle par paresse et monogame par bonne fortune, il fait partie de ceux qui ont la chance de pouvoir vivre leur vie de couple sans trop de tiraillements.

Se désengager pour aimer

Ce qui rend la question de la fidélité si délicate et sa lecture si souvent erronée, c'est qu'elle est certes une valeur, mais pas une qualité. Trop d'hommes semblent contraints à la monogamie et à la fidélité par leur histoire, leur structure, leur caractère. La fidélité est pour eux un vilain défaut.

Pour différents que soient le fidèle par honneur, le mari captif ou le jaloux pathologique, ils ont pour point commun de ne concevoir l'engagement que comme un pacte irréversible. Or l'engagement qui fait le couple ne peut être comme celui qui tient l'armée : on ne signe pas une fois pour toutes, sans autre issue que la désertion et la honte. L'engagement dans l'amour est remis en cause à chaque crise, chaque étape, chaque seuil. C'est son renouvellement libre qui fait sa force, son écueil, mais aussi sa profonde richesse. En amour, nous avons souligné l'importance de la dépendance relative qui permet les choix et les relations amicales et amoureuses. Reconnaissons toutefois que c'est la larme de dépendance absolue qui rend l'amour douloureux et la pointe d'indépendance absolue qui le rend possible. Autrement dit, aimer demande de la maturité.

Le monogame fidèle que nous venons de débusquer est le type de mari qui promet l'exclusivité conjugale et qui tient sa promesse. On pourrait penser que c'est le mari idéal. Il est capable d'une prouesse dont chacun rêve avant le mariage et qui surprend tout le monde après. Un engagement dont on comprend la longue imprégnation religieuse. D'ailleurs, même l'union la plus laïque repose sur une décision, une élection et une parole. C'est un acte d'homme ou de femme libre. Au plan civil ou religieux, le mariage ou le pacs engage la responsabilité et la liberté de chacun. Il est nécessaire de ne pas être entravé par d'autres engagements, d'autres liens, d'autres unions, d'autres amours. Sans ce délestage, qui est une forme de deuil, de renoncement, il n'est pas de choix possible. Sans désengagement, il n'est d'engagement vrai.

Or certains monogames demeurent captifs d'un passé dont ils ne sont pas quittes. Généalogique, infantile ou névrotique, une étreinte les tient. Ils portent le poids d'une injonction, dont ils ne peuvent se libérer. Ainsi sont-ils dans l'incapacité de se dégager de l'emprise d'une femme – fût-elle une emmerdeuse, une virago ou une castratrice –, d'un père – fût-il absent, brutal ou méprisant –, ou d'une jalousie – fût-elle maladive ou délirante. Autrement dit, ils sont enfermés dans un modèle, un cadre ou une peur, qu'ils ne peuvent quitter ni dépasser. Ils emportent leurs chaînes à la mairie ou à l'église, comme dans leurs amours, leur lit, leur couple. Pour surmonter le trouble identitaire et l'angoisse de disparaître qui peut s'ensuivre, ne reste que l'amarre qui semble la plus solide. Quelle que soit la qualité ou la fiabilité de celle-ci. Rester collé, ne pas prendre le risque de rompre le seul lien qui donne du sens à la vie, qui promet la continuité d'une sécurité indispensable. La fidélité est leur unique réponse C'est le seul compromis qui leur soit possible. La fidélité est leur symptôme.

Tout le monde n'a pas la liberté d'être infidèle

Il ne s'agit pas de nier l'existence d'hommes fidèles par amour, de maris qui tiennent leur parole sans effort notable. Ceux-là aiment et continuent d'aimer. Ils désirent et continuent de désirer. Ils n'ont pas besoin d'être contraints pour rester loyaux à leur femme, pour honorer leurs engagements affectifs, conjugaux et familiaux. Ils tiennent les promesses qu'ils ont faites autant que celles qu'ils se sont faites. La loyauté qui les tient ne les empêche pas de dormir. C'est un idéal, pas une injonction. La fidélité peut être leur art de vivre, et si la vie leur sourit, ils peuvent rester fidèles aussi longtemps que durent leurs unions.

D'autres sont fidèles par ardeur, passion, acharnement ou addiction. La fidélité s'inscrit sur leur blason en lettres de feu. C'est leur obsession, une aliénation qui s'origine dans leurs histoires, leurs blessures, leurs amours passées. Ils ne peuvent accorder à l'autre le droit d'un choix dont ils ne disposent pas eux-mêmes et vont jusqu'à tenter d'enfermer l'amour par peur de le voir s'envoler. Leur fidélité n'est que dépendance.

Parfois, les hommes fidèles sont sous influence. On les voit captifs, d'une virago ou d'un héritage familial. Leurs attachements sont faits d'inhibition, de conformisme et d'angoisse. C'est l'inertie qui les « protège ». Aliénés à une force qui les soumet sans leur laisser le moindre libre arbitre, ils ploient sous le joug d'une emprise dont ils ne supposent même pas qu'elle puisse se relâcher. La fidélité est leur punition consentie.

Bien que rapide et non exhaustive, cette présentation de quelques types de fidélité masculine conjugale monogame nous indique avec netteté que la fidélité peut être aussi névrotique que l'infidélité.

Une telle énonciation dérange probablement les romantiques qui croient que seul l'amour tient les couples, les moralistes qui font de la fidélité une vertu, et ceux qui se réjouissent de voir revenir en force les valeurs familiales – mais elle est incontestable. Sans nier qu'il existe des hommes fidèles à une femme aimée des années durant, on peut affirmer que, lorsqu'elles sont le résultat de contraintes psychiques, la fidélité et l'infidélité conjugales sont des symptômes. Elles expriment un malaise intime, une incertitude identitaire, une angoisse ancienne et une grande peur de soi et des autres. À l'image de certaines loyautés politiques ou mafieuses, les fidélités captives incitent à relativiser la portée morale que prend très souvent la fidélité dans nos sociétés monogames. Autrement dit, il existe des hommes qui sont fidèles par incapacité à ne pas l'être. Tout le monde n'a pas la liberté d'être infidèle.

V

LE POLYGAME RANGÉ, LE MONOGAME PERDU OU LA POSSIBILITÉ DU CHANGEMENT

De la polygamie à la monogamie

La question du choix

Nombreux sont les hommes qui reconnaissent ou proclament avoir vécu des séquences polygames sur fond de monogamie foncière ou des épisodes infidèles dans un parcours généralement fidèle. Même ceux qui se reconnaissent dans les profils types que nous avons esquissés revendiquent le droit au panachage. Et au changement. Rendons-leur cette justice. Examinons quelques situations de mutation ou d'évolution masculine en matière de fidélité. Tentons de décrypter ce qui peut être à l'origine de variations dans les comportements amoureux que l'histoire infantile et les questions identitaires avaient pu orienter ou figer. Restera ensuite à observer si les transformations observées sont des phénomènes constants ou des incidents de parcours sans conséquence durable.

Commençons par l'évidence : comme tout l'apprentissage, celui de l'amour nécessite de nombreux essais et erreurs. Rares sont les unions conjugales reposant sur un premier amour réciproque. Il existe donc des étapes précédant la construction de la monogamie qui ne parlent que d'inexpérience et d'immaturité. Nous nous intéresserons toutefois à certaines polygamies juvéniles, celles qui font du papillonnage sexuel un art de vivre.

Le témoignage de Rémy peut expliquer comment la fidélité vient à un garçon volage :

« J'étais un peu chien fou quand j'ai connu Chloé. Il me fallait draguer toutes les filles et en mettre le plus possible dans mon lit. L'univers me semblait peuplé de jolies jambes et de belles bouches. Je n'avais pas assez de mes jours et de mes nuits pour vivre mes amours. Je jurais que je ne m'embarquerais jamais dans une aventure longue durée, que je ne perdrais jamais une once de ma liberté. Et puis j'ai rencontré cette belle femme un peu austère, plus âgée que moi, qui m'impressionnait beaucoup. Je l'ai draguée sans beaucoup de conviction car il me semblait qu'elle ne pouvait faire attention à un jeune gars comme moi. J'avais peur qu'elle me trouve insignifiant. Nous sommes sortis ensemble et très vite, nous nous sommes aimés. Avec elle, je me sentais différent. Un homme ? Oui, je me sentais un homme. J'avais moins besoin de courir à droite et à gauche. Elle attachait beaucoup d'importance à la parole donnée et à la confiance, ce qui m'a fait réfléchir. J'aurais pu la tromper, bien sûr, mais je ne me serais pas senti bien. Ç'aurait été comme un aveu, comme si je n'avais pas eu les moyens d'être à la hauteur de notre amour. En fait, cela s'est fait tout seul. Je n'ai pas fait d'effort. J'ai découvert le bonheur d'être fidèle à une femme aimée et la sécurité intime que l'amour de cette femme peut procurer. »

Rémy fait penser à Max. Il fait partie de ces jeunes gens plutôt polygames, à l'infidélité juvénile brouillonne, qui protègent leur fragilité par la multiplication des rencontres, incapables de se projeter dans le long cours d'une relation durable. Son témoignage nous montre ce que l'assurance d'une femme peut apporter à un homme qui en manque.

Reste une question : le passage par la monogamie rendra-t-il Rémy fidèle ? Peut-être. Dirons-nous alors que Chloé a réussi ce prodige ? Pas tout à fait. On peut postuler que l'amour de cette femme qu'il admirait l'a suffisamment apaisé et rassuré sur lui-même pour qu'il n'ait plus besoin de prouver sa virilité à travers ses conquêtes. L'expérience de la fidélité conjugale peut en effet procurer un apaisement identitaire, voire une satisfaction narcissique importante. Ces bénéfices psychiques seront-ils durables ? Sauront-ils préserver Rémy des doutes sur sa virilité que le vagabondage sexuel tend si souvent à mettre en scène, à défaut de réellement pouvoir apaiser ? Il serait illusoire de croire que le vide affectif se comble si facilement.

Même s'ils se plaisent à le croire, il serait tout aussi illusoire de penser que les gentils papillons, jaloux de leur liberté et incertains de leurs capacités d'attachement, sont prêts à se métamorphoser dans l'amour d'une femme. L'amour ne suffit pas. Nous avons vu plus haut combien de femmes amoureuses se leurrent sur leur capacité à faire changer des hommes qui n'en ont pas envie.

Il apparaît toutefois que bien des polygames anxieux peuvent trouver dans le statut officiel et reconnu de mari l'aura de toute-puissance qui fera d'eux de parfaits monogames menteurs. Comme si le statut incontestable de mari pouvait compenser la défaillance narcissique originelle, à condition que lui soit adjoint un droit tout aussi incontestable à l'adultère. Autrement dit, l'alchimie secrète qui va métamorphoser le jeune homme volage en mari parfait dépend plus de ses propres capacités à mûrir et à supporter ses angoisses intimes que des qualités et défauts de la femme aimée.

La question du doute

Pour aller plus loin, écoutons Armand. Son témoignage révèle une autre face de l'aventure identitaire masculine que la rencontre d'une femme peut faire évoluer de manière intéressante, voire décisive.

«Avant de tomber sous le charme de Mélanie, j'étais du genre coureur. Avec ma bande de copains, on sortait tous les samedis, et tous les samedis on essayait de draguer une jolie nana. C'était comme un jeu, une sorte de compétition. Ça ne marchait pas toujours, mais on se marrait bien. J'adorais l'insouciance, la légèreté des aventures sans lendemain et les filles qui ne demandent pas qu'on les rappelle. Mélanie était différente. Elle faisait plus ou moins partie de la bande et j'adorais rigoler avec elle. Quand on est sortis ensemble, elle a mis la barre assez haut, elle voulait se marier, avoir des gosses. Je ne sais même pas pourquoi je me suis laissé faire. Elle me plaisait, bien sûr! Sacrément. Jolie, subtile, vive. Et décidée. Quand on s'est mariés, les copains pensaient que je ne tiendrais pas longtemps sans revenir aux virées du samedi. Je le pensais aussi. Et puis rien. Non. J'ai découvert que je n'avais plus envie. C'est comme si mes épaules se trouvaient soudain allégées d'un grand poids. Comme si je plongeais dans une autre dimension. Alors, je dois dire que j'ai viré fidèle d'un seul coup. La vie avec Mélanie me plaît. Elle n'a pas tardé à nous faire un petit et quand j'ai vu les yeux de Capucine, j'ai vraiment compris que j'avais trouvé ma voie. La drague, les filles, les virées dans les bars, la contrainte de trouver quelqu'un de nouveau chaque fois : tout cela me pesait plus que je l'imaginais. Certes, les copains me manquent. Je crois que j'avais besoin de leur compagnie mais que je n'aimais pas vraiment le rôle que je croyais devoir y jouer. Je pense que je m'y essoufflais un peu.»

Armand profite de l'insouciance qui s'offre aux garçons

dans les années charnières qui suivent l'emprise familiale et précèdent l'engagement social et conjugal. Il jouit de sa liberté sur fond d'amitiés viriles. Il aime les copains, la fête et les filles. Pour lui comme pour de nombreux jeunes gens, c'est la rencontre d'une femme qui va changer sa vie.

En lui proposant le pacte mariage-fidélité, Mélanie lui donne l'occasion de quitter la précarité du statut de jeune homme dans lequel il disait s'essouffler. En fait, elle lui permet de quitter honorablement la bande, de se dégager d'une aventure dont il n'aurait pas su sortir seul. Il semble bien en effet que la bande de copains, rassurante et structurante pour le grand adolescent solitaire qui cherche à s'émanciper, finisse par étendre sur lui une emprise dont il lui est parfois difficile de se défaire.

La rencontre d'une femme décidée agit sur lui comme une sorte de catalyseur qui lui fait prendre conscience de sa dépendance et de son désir de changer. Il peut alors faire une découverte majeure, celle du doute, de l'ambivalence de ses désirs. D'un côté, les satisfactions narcissiques de la fête et l'aura érotique du groupe, de l'autre, celles du mariage et de la paternité. Deux options, un choix à faire. Choisir l'un, c'est perdre l'autre. Tous les jeunes gens ne sont pas prêts à cette rupture.

Armand le peut. Il le souhaite, il n'attend qu'un déclencheur. Il pose un choix génital et hétérosexuel que ses virées avec ses copains rendaient difficile. L'ambiance masculine des bars, la drague sur fond de compétition, l'excitation des boîtes, l'obligation de prouver sa virilité peuvent former un sous-texte fortement homosexuel dont il est parfois difficile de se dégager pour un jeune homme à l'identité sexuelle encore incertaine.

Mais un tel virage vers la génitalité ne déclenche ni monogamie assurée ni fidélité absolue. Rien ne garantit que l'aventure conjugale sera de longue durée. Ni qu'elle éclairera comme par magie celui qui doute de ses pulsions sans désirer vraiment les affronter. Il n'est même pas certain que l'effet rassurant de la fidélité éteigne toute compulsion, l'attrait de la dépendance aux pairs et le désir de partager leurs désirs. Surtout que les bénéfices secondaires des razzias érotiques prédatrices, comme le stress et l'adrénaline, peuvent manquer à celui qui range sa vie dans le mariage. Autrement dit, Armand est-il susceptible de revenir à ses premières amours ? Trompant son ennui dans des aventures discrètes, rejoindra-t-il les monogames menteurs, adultères d'habitude, ou trouvera-t-il dans la fidélité – à une femme ou à plusieurs – de quoi calmer ses angoisses identitaires et existentielles ?

Seule la profondeur de la relation qu'il construit avec celle qui lui a permis de se trouver peut augurer de son équilibre amoureux et de la stabilité de son engagement.

La question de l'âge

S'il est fréquent qu'un épisode de test amoureux précède les choix génitaux de la conjugalité, on ne peut toutefois prédire qu'après une jeunesse volage tous les hommes se rangent et deviennent des monogames, plus ou moins volontaires, plus ou moins fidèles. Certains hommes pourtant mettent à profit le temps de l'insouciance pour apprendre à se connaître, à se reconnaître. Leurs épisodes de polygamie juvénile peuvent très bien les préparer aux choix fondamentaux que la vie sociale et la morale leur proposent, comme nous le fait découvrir Germain :

« J'ai longtemps été assez instable affectivement. J'avais plusieurs amies intimes et je ne détestais pas les rencontres et aventures impromptues. Mais les femmes me faisaient un peu peur, je crois. Leurs attentes, leur besoin de promesses, de mots d'amour, tout cela m'agaçait. Nous n'étions que rarement sur la même longueur d'onde. Il m'a fallu attendre d'avoir passé la quarantaine pour que j'envisage de me caser. En fait, cela s'est fait sans que je le décide vraiment. Nathalie et moi, nous nous sommes aperçus un beau jour que nous avions progressivement largué nos autres partenaires. Sans rien se promettre, fidèles à notre conception du respect de l'autre, nous avons fini par nous installer ensemble et je dois reconnaître que je n'ai pas lorgné sur une autre femme depuis quinze ans. Il faut dire que je suis un homme de parole. J'ai tendance à jouer le jeu, je n'aime pas tricher. Former un couple, c'est un sacré challenge. J'ai eu l'impression d'un vrai renouveau. D'une expérience inédite et qui me convenait bien. J'ai découvert les joies et les surprises de la monogamie. Ne plus connaître qu'une femme, mais la connaître à fond… Nos vies se sont complétées. Nous avons construit notre couple. J'ai pris conscience de la profondeur de mes sentiments, appris la tendresse. Il m'est impossible d'en dire plus, ce serait indécent. Je l'aime, c'est tout. Et je ne suis plus attiré par les autres femmes. La fidélité sans peine ? C'est mon cas. Mais à condition de ne pas se précipiter. Et si c'était une question d'âge ? de maturité ? Je suis comme mon père qui fut un coureur impénitent pendant sa jeunesse et qui resta fidèle à ma mère tout le reste de sa vie. »

Infidèle rangé ? Fidèle tardif ? Le discours de Germain ne laisse pas grand doute sur ses options fondamentales. Il semble bien être, comme son père, un homme fidèle qui a simplement fait durer assez longtemps sa période de rodage juvénile. Ainsi n'éprouve-t-il aucune difficulté à épouser la monogamie lorsqu'une occasion sérieuse s'offre à lui. Et à aimer la fidélité lorsqu'il en découvre les charmes. Certes, il est homme de parole et se définit comme tel. Mais il nous ouvre une dimension inédite de la fidélité monogame : le plaisir qu'elle peut procurer. Il évoque la profondeur de son attachement et la découverte affective que le temps donne à l'amour.

Son témoignage rejoint celui de tous les hommes qui sont fidèles sans difficulté et sans état d'âme. Sous deux conditions expresses, une maturité psychique suffisante et un projet amoureux partagé. De ses jeunes années de coureur, il a acquis l'expérience de lui-même qui lui permet d'entreprendre le voyage sans escale de la fidélité conjugale continue. Sa maturité personnelle lui permet de se projeter dans une autre dimension de l'amour, celle du couple, du temps du couple. Il découvre les joies du temps à deux et nous invite à parler du bonheur d'être fidèle.

Fidèle par bonheur de l'être

Existe-t-il des hommes fidèles par bonheur de l'être ? Si la question arrive tardivement dans cet essai, c'est qu'il fallait auparavant aborder les contraintes, entraves et injonctions qui sont celles de la névrose et des angoisses de chacun, avant de pouvoir examiner comment peut se construire un équilibre affectif sérieux dans la fidélité monogame. Pour peu qu'elle soit créative, productive, généreuse, reconnaissons que la vie peut atténuer les carences et les fragilités narcissiques. La maturité peut alors apporter l'apaisement et permettre une véritable construction de soi, en particulier dans le domaine amoureux. Ainsi, celui qui a appris à se connaître peut faire l'expérience troublante de la profondeur de l'amour partagé.

Les amours heureuses sont de celles dont les psys entendent peu parler, car elles n'amènent ni plaintes ni douleurs. Même les témoignages sont rares et peu éclairants. Écoutons toutefois Laurent.

« Le bonheur d'être fidèle ? C'est évident. Enfin, cela l'est aujourd'hui pour moi. Je suis fidèle par nature. Du genre prudent. À ne pas m'engager sans réfléchir. Dans la vie comme en amour, je ne fonce pas. J'ai vécu avec deux filles avant de connaître Éloïse avec qui je vis maintenant depuis vingt ans. Nous avons appris à nous connaître, nous nous faisons du bien. Elle me rend meilleur, plus fort. Je sais que je l'apaise. Nous nous enrichissons. Notre amour est de plus en plus profond. Je ne saurais pas en dire plus. Je n'imaginais pas le bonheur de découvrir quelqu'un et de voyager dans la vie dans cette sorte de compagnonnage. C'est comme si j'étais devenu moi avec elle. Et je sais que c'est réciproque. La tromper n'aurait pas de sens. Je ne désire pas désirer ailleurs. Mon désir s'éveille et vibre à l'intérieur de l'amour que je ressens pour elle. Il fait partie intégrante de l'amour que j'éprouve et qui me grandit, me nourrit. »

De la fidélité absolue à l'infidélité relative

Chercher la femme

Jeunes chiens fous pris dans la spirale des copains, fils dociles trop attachés à leur mère ou trop soumis à leur père, nombreux sont les jeunes gens qui ne savent pas où orienter leurs pas à l'aube de leur vie adulte. Certaines rencontres féminines vont leur offrir l'alternative génitale aux plaisirs masculins du groupe juvénile, autant qu'aux satisfactions infantiles de l'emprise familiale. Elles leur apportent l'opportunité de tester leurs capacités à entrer en monogamie et la réassurance dont ils ont besoin pour porter leur masculinité sur la scène sociale via le couple et la famille.

Ces rencontres-là peuvent les faire grandir, pour peu qu'elles surviennent au bon moment, quand les incertitudes qui les taraudent cherchent de nouvelles réponses. Ainsi en est-il souvent des premières unions, des femmes qui accompagnent leurs débuts d'amants, de maris, de pères. Ce sont également les femmes du remariage, celles de la maturité, de la paix intime enfin trouvée. Ce ne sont pas toujours les femmes de toute une vie, car les périodes intermédiaires sont parfois chaotiques, mais ce sont des initiatrices, des révélatrices, dont la rencontre permet à chacun de poser la question identitaire qu'il porte en lui.

Il ne faut pas croire que ces belles passeuses se donnent pour mission de transformer tous les coureurs de jupons et les fils immatures en pères tranquilles. La plupart n'ont aucune ambition de ce genre, la conjugalité et la transformation d'un gamin en homme n'étant pas leur souci principal. Mais leurs objectifs personnels importent peu, car ce qui compte ici, c'est moins la femme elle-même que la relation que l'homme établit avec elle ou, mieux encore, ce que la rencontrer lui permet de découvrir de lui-même. Ce qu'il construit en lui en construisant avec elle.

Il nous reste à explorer ce qui peut venir troubler la paix amoureuse si difficilement conquise.

La question du risque

Hervé est un homme de cinquante ans, bon mari et père responsable, qui se déclare personnellement adepte de la fidélité conjugale et explique pourquoi.

« Je n'avais jamais trompé Suzy, ma femme. Vingt ans de fidélité absolue, facile, normale. Nous étions un vrai couple. Les enfants comptaient beaucoup pour nous. Même une fois passée l'ardeur des débuts, nous nous entendions bien au lit et je m'estimais un homme comblé. Il y a cinq ans, j'ai traversé un moment difficile au boulot. Réorganisation, restructuration, j'avais peur de perdre ma place. C'est à ce moment-là que j'ai rencontré Pierra. Une passion brutale. Démente. J'ai perdu la tête. C'était plus fort que moi, impossible de résister au courant dévastateur qui m'emportait. J'étais prêt à tout larguer, le boulot, la famille, les gosses, ma femme. C'est comme si j'étais malade. Et Pierra m'a laissé tomber. Sans prévenir. J'ai sombré dans une sorte de marasme dont Suzy m'a tiré, avec patience et obstination. Un jour, je lui ai tout dit. Cela m'a soulagé. Elle m'a dit qu'elle savait. Depuis, on n'en parle plus. C'est une histoire terminée. Je suis absolument certain de ne plus jamais tomber dans le piège. Les gros coups de cœur qui vous font perdre la tête, pour des hommes comme moi, c'est néfaste. Je suis bâti pour être un homme fidèle. Je ne peux pas me permettre de prendre certains risques qui me mettent complètement la tête à l'envers. Je suis bien mieux dans mon rôle et mon statut de mari attentif et dévoué. »

En reconnaissant faire partie des hommes qui ne peuvent se permettre certains risques, Hervé nous montre combien la fidélité lui est nécessaire. L'aventure sexuelle le déstabilise et le met en grand danger. Comme tout ce qu'il ne maîtrise pas, le coup de cœur lui fait perdre plus que la tête. Et il n'aime pas cela. Reconnaissons qu'il en est ainsi d'un grand nombre de monogames, de ces hommes d'honneur et de raison que l'adultère désorganise et désoriente. Au point qu'en perdant leurs repères, ils perdent leur identité. Les épouses comme Suzy le savent bien, capables de ravaler leurs reproches et de soigner celui qui n'aspire qu'à revenir à elles. Sans se bloquer sur la question du mensonge, de la trahison ou de la confiance, qui sont pourtant comme nous l'avons vu plus haut les points vulnérables de beaucoup de couples, elles savent la fragilité psychique que l'infidélité met en péril. Le mariage, la monogamie, la famille, les enfants, la fidélité sont pour beaucoup d'hommes des acquis de maturité et de stabilité sans lesquels ils ne savent plus qui ils sont. Fidèles ils sont. Par nécessité. Par prudence. Par structure. Comme tout ce qui fait symptôme, ce type de fidélité protectrice manque nécessairement de souplesse et ne peut souffrir le moindre accroc.

Malgré sa conviction et son fort besoin d'étayage conjugal, il n'est pas exclu qu'Hervé rencontre à nouveau sur son chemin le démon de sa libido. Nous pouvons parier que l'aventure le fera chaque fois souffrir au moins autant qu'elle peinera sa femme. Il n'est pas fait pour être infidèle.

La question du désir

Dominique va nous permettre de comprendre encore mieux la place de la fidélité dans certains couples, pour certains hommes.

« Je suis un homme fidèle. Je dois reconnaître toutefois qu'il m'est arrivé quelques aventures assez troublantes. La première fois, je venais juste de me marier avec Adeline, ma première femme. C'était peu de temps après la mort de mon père. Un jour, j'ai suivi une jeune prostituée et je me suis senti bizarrement troublé. Comme si elle éveillait en moi des sentiments inconnus. J'ai voulu la revoir. Elle s'appelait Lola. J'avais comme le projet de la sortir de la prostitution, de la sauver, quelque chose comme ça. Ce n'était pas clair. Je ne me sentais pas trop bien. Mon mariage battait de l'aile, Adeline et moi avons divorcé assez vite. Ce qui ne m'a pas rapproché de Lola, bien au contraire. C'était comme si elle ne m'attirait plus. Une passade donc. Comme un vent de folie. Ensuite, j'ai connu Mireille et notre union fut une vraie réussite. Nous nous entendions parfaitement. Je me sentais bien. C'est pourquoi je n'ai pas compris ce qui m'est arrivé une nuit où elle était à la maternité. Le petit Bruno venait de naître, une merveille. J'étais très content. Pourtant je me suis retrouvé dans un bar et j'ai été dragué par un homme. Un jeune homme. Il était étrangement beau, troublant. Je suis rentré chez moi en me demandant ce que je faisais dans ce genre d'endroit alors que ma femme venait d'accoucher... Depuis, je fais attention. Je ne me laisse plus la bride sur le cou. J'ai trop peur de ce qui peut m'arriver et je ne suis pas certain d'avoir envie que ça m'arrive. Je suis bien avec Mireille et les enfants. Certes, il m'arrive parfois, comme à tout le monde je suppose, de rêver de drôles de choses avec de drôles de gens. Lorsque je m'éveille, j'ai des frissons. Mais je me rassure en voyant mon couple, ma famille. Là est ma vraie place. La vie que je mène est celle que j'ai choisie. Elle me convient. »

Dominique attire notre attention sur les fantasmes, les désirs enfouis. Il nous rappelle la complexité de chacun et les méandres de ses pulsions. Chaque homme détient une part d'altérité en lui-même avec laquelle il doit se battre où apprendre à cohabiter. S'éprendre d'une jeune prostituée alors qu'on est jeune marié, se sentir troublé par un homme, être attiré par le côté obscur de la norme, tout cela peut arriver dans des moments cruciaux, comme ceux que tout homme traverse dans la construction de son couple et de sa famille. Se marier, perdre son père, devenir père soi-même sont des passages fortement chargés affectivement et symboliquement. L'équilibre personnel de quiconque peut alors chavirer. La barrière de protection contre les fantasmes et les angoisses se fissure. Les désirs refoulés par la nécessité des choix normatifs que sont le mariage et la paternité peuvent alors remonter avec force. Et des options inconscientes incontrôlées prendre le dessus sur les choix conscients délibérés.

En optant pour la fidélité conjugale, Dominique montre l'importance qu'il accorde à ses choix hétérosexuels et monogames. Il fait partie de ces hommes qui se veulent honnêtes, qui ne sont pas tout à fait dupes de la complexité de leurs désirs et qui choisissent le mariage et la fidélité pour se protéger de certains égarements qu'ils ne se sentent pas prêts à assumer. Averti par ces passages à l'acte fantasmatiques, il trouverait toutefois un bénéfice certain à rencontrer un psy pour tenter de faire la paix avec ses désirs et aspirations apparemment inconciliables.

Chercher la faille

Restons dans le domaine des fantasmes et dans ces zones obscures où chacun enferme les désirs incompatibles avec ses choix moraux. Écoutons Thomas parler d'un épisode de ses vacances

« C'était il y a dix ans. Nous étions en voyage organisé. Je ne dirai pas dans quel pays, car on me prêterait des arrière-pensées. Or ce n'était pas du tout prémédité. Rien n'était comme prévu. C'était le bordel total. Je me suis retrouvé séparé du groupe et de ma femme. Dans une sorte d'hôtel minable. Personne ne parlait ma langue. J'étais totalement paumé. Je ne me cherche pas des excuses, mais je sais bien qu'une telle aventure ne me serait pas arrivée si nous étions restés tous ensemble. Enfin, c'est arrivé. Une très jeune fille est venue dans ma chambre. Dans mon lit. Je sais qu'elle n'était pas majeure, loin de là. Au matin, elle était partie. Mon argent aussi d'ailleurs. Cela m'a presque soulagé. Quand j'y pense, j'ai chaud, j'ai honte. C'est comme si je m'étais dédoublé. Comme si c'était arrivé à quelqu'un d'autre que moi. Je ne l'ai jamais dit à personne. Cela ne s'est jamais reproduit et ne se reproduira jamais. »

Thomas a vécu son passage à l'acte comme un rêve. Qu'il se soit trouvé volontairement ou pas dans la situation qu'il décrit, il est certain que la réalisation soudaine d'un fantasme qu'il croyait étranger à lui, ou dont il ignorait la prégnance, a pu créer un événement clé, voire un traumatisme, qu'il se gardera bien de vouloir renouveler.

Il fera tout pour éviter qu'une telle situation se reproduise. Et il y réussira tant que son univers restera régi par des forces cohérentes et solides. Or tout homme qui vit au-dessus d'un volcan dont il ne connaît pas la vigueur peut être menacé chaque fois que la trame de son monde familier se détend. Sans le cadre qui le tient, il n'est jamais sûr de tenir.

Ces quelques exemples d'irruption de séquences infidèles dans leurs paysages conjugaux illustrent les tourments de ceux qui sentent affleurer en eux des tensions et des troubles qu'ils n'estiment pas pouvoir contrôler et auxquels ils ne souhaitent pas se livrer. La fidélité monogame conjugale leur est salutaire. Elle organise leur monde. Elle les protège des désirs intempestifs comme des risques graves.

En effet, celui dont l'équilibre psychique repose sur la maîtrise et l'organisation d'un monde stable et de valeurs choisies ne peut escompter jouer avec le feu sans prendre le risque de se détruire. Le savent plus ou moins la plupart des hommes qui prennent l'option fidélité dans le mariage. Ils ont conscience de leurs choix, de ce qu'ils veulent faire de leur vie, et s'ils ne sont pas toujours bien au fait des alternatives soigneusement refoulées, ils n'en sont pas totalement ignorants.

Or il arrive que le tissu solide qui les tient – la famille, la société, le travail – s'effiloche ou se rompe. Ce sont des crises intimes, comme des passages à haut risque et sans protection, dans le cercle de feu de leur désir. Celui qui traverse le miroir et rencontre, l'espace d'un instant, les versions de lui-même qu'il n'a pas choisi d'assumer peut ensuite vouloir reprendre sa vie en main, fort d'une expérience existentielle incomparable qu'il ne se sent pas près de renouveler. Le bouillonnement de ce qu'il refoule ou dénie peut toutefois refuser de le laisser en paix. À chacun de trouver les moyens – créatifs peut-être, thérapeutiques certainement – pour faire la paix avec lui-même en acceptant de reconnaître et d'affronter ce qu'il ne peut assumer de vivre.

Peut-on changer ?

Pour introduire la question délicate des entraves inconscientes au changement, même souhaité, écoutons le témoignage de Karina. Elle nous parle de l'homme de sa vie, son frère.

« Je n'aurais jamais parié sur mon frère question fidélité. Quand il était jeune, René tombait toujours amoureux de la mauvaise personne. Il gardait dans son cœur sa première copine, ma meilleure amie, Zora, qui l'avait largué pour un homme plus âgé. Sans être ni fidèle ni infidèle, il était instable. Cela m'amusait un peu car il venait me raconter ses déboires, pleurer dans mon giron. Il ne savait jamais vraiment où il en était. Et toujours, il ramenait Zora sur le tapis. Même dix ans après. Comme si un de ses compteurs s'était arrêté avec elle. Pour l'oublier, il s'est mis à draguer les filles. Il est devenu une sorte de play-boy sans en être plus heureux. Puis il a rencontré Louise qui savait ce qu'elle voulait et l'a embarqué dans le mariage. Cela semblait lui plaire, mais il ne lui a pas fallu longtemps pour venir me raconter qu'il craquait sur les copines de sa femme. À la mort de papa, il a fait une sorte de dépression. Il a perdu son boulot. Louise l'a quitté. Il a vécu l'enfer. Mais il en est sorti. Il a ensuite rencontré Anne avec qui il vit depuis dix ans. Je ne sais pas si c'est parce qu'il est devenu en quelque sorte l'aîné de la famille et que cela lui donne un statut, ou parce qu'il a maintenant dépassé quarante ans, mais il ne vient plus pleurer chez moi. Cela me fait drôle, c'est comme si j'avais un peu perdu mon grand frère. »

Derrière la classique interrogation sur la capacité humaine à changer, évoluer, muter ou se métamorphoser, se profile une question spécifique : fidèles ou infidèles, les hommes peuvent-ils changer ? Se contentent-ils de mûrir, passant du papillonnage hédonique à l'engagement responsable, puis aux égarements libidinaux ? Ou existe-t-il des incidents, des expériences, des événements décisifs ?

Chaque homme doit affronter ses amours infantiles et s'en libérer pour pouvoir aimer et s'engager. Attachements familiaux, liens secrets profondément noués, fantasmes inassouvis, nombreux sont les nœuds psychiques qui demandent à être dénoués pour que se nouent de nouveaux liens. L'homme entravé ne peut que tâtonner.

Ce qui va l'aider à se libérer de lui-même est souvent une rencontre, sur fond de crise existentielle, de doute identitaire. Celle qui stabilise le jeune homme incertain ou égare l'homme engagé peut causer un trouble momentané, qui ne perturbe pas le cours de son existence. Elle peut également contribuer à un changement décisif.

Pour cela, la rencontre doit permettre une confrontation majeure, celle d'un homme avec son désir, ses choix, ses doutes, son rapport au risque, ses démons et ses chaînes. L'alchimie complexe qui noue en chacun son histoire infantile, sa structure psychique et les événements de sa vie donne des réponses singulières à chaque aventure amoureuse personnelle, offrant à celui qui accepte de s'en saisir l'occasion d'apprendre à se connaître.

Le reste est une question de liberté intime dans l'art de l'attachement, du détachement, de la perte, de souplesse dans le domaine du désir, de capacité à changer sans se perdre. La fidélité comme l'infidélité sont alors des options fondamentales dans l'art d'être soi-même avec les autres. Dans l'art d'aimer peut-être, dans celui de s'accepter aussi.

Conclusion

Pourquoi les hommes sont-ils infidèles ? À quoi sont-ils fidèles ? En interrogeant les hommes sur leurs fidélité et infidélité conjugales, je pensais entendre parler de l'amour et de ses modalités psychiques bien connues : surestimation de l'objet aimé, fixation infantile à une image parentale, désir de possession, volonté de pouvoir, besoin de réparation... J'escomptais mettre au jour un mode amoureux masculin spécifique qui différerait des ancrages féminins classiques : amour pour le père, dévouement pour le fils, art de soutenir ou de forger les hommes. Je m'attendais donc à rencontrer les multiples attachements aux figures séductrices et maternelles de la féminité et à y débusquer les connivences qui nouent et dénouent les unions et les couples. Autrement dit, dans les propos des hommes, je m'attendais à entendre parler des femmes.

Or il n'en fut rien. Ou si peu. Leurs confidences et leurs témoignages m'ont parlé d'eux-mêmes, de leur disposition ou difficulté à s'engager et à tenir parole, de leurs interrogations et leurs doutes identitaires, leurs convictions et leurs rêves. En fait, ils m'ont plus parlé de leurs angoisses et de leurs limites que de leurs amours et de leurs amantes.

Ayant écarté de mon étude la complexité des alliances

amoureuses pour me centrer sur l'union hétérosexuelle classique, consacrée par la cohabitation, l'engagement, le mariage ou le pacs, je n'ai donc pas rencontré toutes les formes de fidélité et d'infidélité conjugales. Je n'ai pas abordé les pactes amoureux furtifs ou secrets, éphémères ou durables, ainsi que le monde foisonnant des fantasmes et la vie imaginaire. Laissant l'histoire de chacun expliquer l'aventure passagère, bouleversante ou discrète, qui peut ébranler un couple ou le mener à sa rupture, mais ne peut en aucun cas définir quelqu'un, j'ai recherché les forces profondes, celles qui soutiennent les discours des hommes sur leur manière de concevoir l'engagement, l'amour et le couple.

Castration, séparation

C'est donc sans surprise que j'ai vu surgir deux grandes angoisses masculines spécifiques. Omniprésente émerge naturellement la classique menace de castration. Plus diffuse mais bien réelle apparaît également la crainte de voir s'évanouir le désir, l'aphanisis. Ainsi, dans le couple comme dans la vie, à l'âge adulte comme pendant l'adolescence, le besoin d'aimer et d'être aimé et tous les arts du discours et désirs amoureux ne cessent de prendre au masculin des nuances extrêmement phalliques.

Or la question phallique se trouvant en bonne place dans la genèse de tout comportement masculin, elle ne peut qu'illustrer le thème de la fidélité sans permettre de véritablement l'éclairer. Il en va tout autrement lorsqu'elle se conjugue avec la problématique de la séparation. En effet, plus que d'amour ou de capacité d'aimance, ce qui semble bien faire la différence en matière de fidélité masculine, c'est l'aptitude de chaque homme à renoncer, choisir, s'engager, se désengager. Autrement dit, à mettre en jeu sa capacité à de séparer de l'autre sans y laisser une part importante de lui-même, sa virilité, son désir, sa libido.

Il semblerait qu'on trouve là une difficulté bien masculine à quitter l'enfance – ses emprises affectives tout autant que ses prérogatives et ses illusions phalliques –, pour risquer sa vision de l'homme dans la société. Un défi particulièrement délicat dès qu'il s'agit de s'engager sur le chemin du couple, car l'amour à deux, pour qui voudrait le voir durer, exige de chacun des partenaires de pouvoir projeter sur l'avenir une part – parfois méconnue – de son passé, tout en tenant compte de l'altérité radicale de l'autre, de ses exigences comme de ses impasses

Monogames et polygames

Commençons par les infidèles d'habitude, qui revendiquent la liberté sexuelle, la disponibilité, le droit au désir. Certains sont mariés, se proclament même monogames et amoureux de leur épouse. Ils pratiquent l'adultère, chronique et contrôlé, s'avouent menteurs par nécessité de préserver leur mariage. D'autres se déclarent polygames, hédoniques et volages. Ceux-là ont souvent la sagesse de rester célibataires et se refusent alors à toute union durable. S'ils mentent, ce n'est que pour protéger leur conception de la liberté et assouvir leur faim d'amour et leur peur d'en manquer.

Les uns et les autres sont infidèles et le reconnaissent, voire le revendiquent. Se voulant libres de désirer et d'avoir toutes les femmes, ils aiment pratiquer l'aventure extraconjugale, plus sexuelle que sentimentale, pour asseoir ou renforcer leur conception de la virilité. Pour eux, il ne saurait en être autrement. Il leur est impossible de renoncer à la liberté de séduire, la disponibilité sexuelle étant la seule issue pour ceux que taraude la peur de la castration. Confrontés aux équations toxiques qui confondent masculinité et virilité, ils s'accrochent à leur désir par peur de le voir s'évanouir et, avec lui, de voir se dissiper leur identité masculine. Les infidélités qui s'ensuivent ne sont que la conséquence d'un drame intime, celui de l'homme qui cache derrière ses professions de foi une authentique fragilité. L'infidélité est alors le symptôme de la difficulté à assumer les choix et les contraintes inhérents à toute existence.

D'autres sont indiscutablement fidèles. Parmi eux, certains le sont par nature, par culture, par structure. Ainsi, les polygames indécis aux amours plurielles, parallèles, successives et concomitantes ne peuvent résister aux élans de leur cœur. Les mensonges dont ils se protègent les rendent certes malheureux, mais ils y sont contraints par le manque de tolérance de leurs compagnes. D'autres sont les hommes d'une seule femme. Ils s'enferment dans la monogamie, contraints qu'ils sont, par folie ou par honneur, prisonniers d'eux-mêmes et de leur passé. Ceux-là se mentent surtout à eux-mêmes, la bonne conscience leur étant avant tout nécessaire.

Les uns et les autres semblent incapables de choisir ou de se dégager des emprises qui les lient. Ils sont fidèles par peur, par inhibition, par addiction, par paresse aussi. Incapables de choisir, ou de se désengager, ils ne sauront qu'être fidèles. Dédoublées à l'infini à travers leurs unions et leurs couples, les figures parentales archaïques qui les agrippent ne leur laissent aucun espoir de liberté intime. La fidélité est alors le symptôme de leur difficulté à se dégager – de leur histoire infantile par exemple – pour construire leur vie d'homme.

Qu'est-ce qu'un homme ?

Infidèles chroniques ou fidèles captifs, ces témoignages nous racontent l'histoire des hommes d'aujourd'hui à travers quelques nouveaux défis que la société et les femmes leur lancent et qu'il leur faut relever, un jour ou l'autre, collectivement ou individuellement. Garçons, fils, amoureux, amants, maris, pères ne trouvent plus de réponses toutes faites aux doutes qui les travaillent et aux pièges que la vie ne cesse de leur poser. La figure masculine ayant gagné ces dernières décennies le droit à la complexité, les schémas comportementaux et identitaires ne sont plus tracés. Pour ceux qui voudraient s'en nourrir mais aussi s'en délivrer, le passé n'indique plus l'avenir. Tout est à faire. Tout, ou presque, est à refaire si on ne veut pas prolonger les schémas obsolètes et douloureux de jadis.

Pour sortir de cette répétition, les hommes de demain ont à inventer avec leurs partenaires au long cours de nouveaux partages amoureux. Ainsi, chacun d'eux sait déjà qu'il ne lui suffit pas, pour quitter sa mère et les illusions de son enfance, de prendre son père pour modèle – ou comme contre-exemple. Nous avons vu qu'il lui faut également apprendre à se dégager de l'influence des copains – en bande – et de celle du meilleur ami – en privé. Il ne lui suffit plus d'assumer son passé de garçon et son histoire de fils sans leur rester soumis, il lui faut également inventer comment être père et réussir à transmettre, sans aliéner, sans s'aliéner. Parmi les challenges les plus difficiles, il aura peut-être à chercher d'autres étalons identitaires que la taille ou la vigueur de son organe reproducteur et de ses substituts en matière de pouvoir et d'argent. Ces changements profonds dans la réalité et dans l'imaginaire masculins peuvent permettre aux hommes de ne pas céder sur leur désir, sans faire de leur libido le seul moteur de leur vie et leur seule raison de vivre. Autrement dit, essayer de se dégager des équations mortifères qui associent masculinité et virilité agressive, pouvoir masculin et privilèges.

La question de la fidélité et de l'infidélité masculines nous apparaît donc comme une sorte de révélateur qui dévoile le long enfantement d'un homme qui doit quitter l'amour d'une femme – sa mère – et la promesse d'un organe – le pénis –, pour rechercher dans son père et ses pairs comment devenir lui-même, afin de pouvoir choisir ensuite la vie qui est la sienne, le genre d'homme qu'il veut être.

Le malheur comme le bonheur ne déconcertant jamais autant que lorsqu'ils surviennent par mégarde et semblent blesser par hasard, il n'est pas impossible que ces analyses déçoivent les plus blessées par les infidélités masculines, ou qu'elles alertent les moins méfiantes qui se veulent la cause unique de la fidélité dont elles bénéficient. Je le regrette d'autant plus que je reste persuadée que si l'amour tient du mystère, une meilleure connaissance de l'autre permet de mieux l'aimer.

Je remercie donc ceux et celles qui m'ont permis de présenter et d'analyser ici leurs histoires, car elles peuvent éclairer qui voudrait comprendre comment vivent les hommes et comment ils peuvent évoluer, à défaut de savoir comment ils aiment.

Table

183

Du même auteur

Une année singulière avec mon cancer du sein, Albin Michel, 2007.
Comment aiment les femmes. Du désir et des hommes, Le Seuil, 2006.
Il m'a tuée. Au cœur des secrets de famille, Pocket, 2005.
Pardonner à ses parents. Il n'est jamais trop tard pour se libérer des secrets de famille, Pocket, 2004.
L'Adolescence au quotidien. De quelques principes utiles à l'usage quotidien, Pocket, 2003.
La Réparation. De la délinquance à la découverte de la responsabilité, Gallimard, 1999.

Sous la direction de Maryse Vaillant

Encyclopédie de la vie de famille. Les psys en parlent, La Martinière, 2004.

Avec Sophie Carquain

Entre sœurs. Une question de féminité, Albin Michel, 2008.
Récits de divan, propos de fauteuil, Albin Michel, 2007.

Avec Judith Leroy

Range ta chambre! Petit traité d'éducation familiale, J'ai lu, 2006.
Cuisine et dépendances affectives. Pour mieux comprendre nos rapports à l'alimentation, Flammarion, 2006.
Vivre avec elle. Mères et filles racontent, La Martinière, 2004.

Composition IGS-CP
Impression CPI Bussière en septembre 2009
à Saint-Amand-Montrond (Cher)
Editions Albin Michel
22, rue Huyghens, 75014 Paris
www.albin-michel.fr
ISBN 978-2-226-19314-8
N° d'édition : 25995 – N° d'impression : 092332/4
Dépôt légal : octobre 2009
Imprimé en France.